地铁调度：
场景构建与应急实践

主　编　夏景辉
副主编　刘宏泰　窦　亮

西南交通大学出版社
·成都·

图书在版编目（CIP）数据

地铁调度：场景构建与应急实践 / 夏景辉主编. —成都：西南交通大学出版社，2019.6
ISBN 978-7-5643-6924-8

Ⅰ. ①地… Ⅱ. ①夏… Ⅲ. ①地下铁道－列车调度 Ⅳ. ①U231②U284.59

中国版本图书馆 CIP 数据核字（2019）第 113221 号

地铁调度：场景构建与应急实践	主编 夏景辉	责任编辑　杨　勇 助理编辑　宋浩田 封面设计　何东琳设计工作室

印张　12.75　　字数　251千	出版发行　西南交通大学出版社
成品尺寸　185 mm × 260 mm	网址　http://www.xnjdcbs.com
版次　2019年6月第1版	地址　四川省成都市金牛区二环路北一段111号 　　　西南交通大学创新大厦21楼
印次　2019年6月第1次	邮政编码　610031
印刷　四川煤田地质制图印刷厂	发行部电话　028-87600564　028-87600533
书号　ISBN 978-7-5643-6924-8	定价　49.00元

课件咨询电话：028-87600533
图书如有印装质量问题　本社负责退换
版权所有　盗版必究　举报电话：028-87600562

编写委员会名单

主　　编　夏景辉
副主编　刘宏泰　窦　亮
编　　委　赵留杰　张亚兰　李　航　李亚方　牛慧兰
　　　　　王晓飞　张明锋　王　群　张　猛　陈　琦
　　　　　张　军　李志成　李鹏翱　王　喆　毛晏广
　　　　　杨卫斌　宋干锋　刘　畅　郭磊磊　王少英
　　　　　张　琪　赵绍锋　李艳艳　朱永霞

前 言

近年来，城市轨道交通呈现蓬勃发展的态势。截至2018年年底，中国（不含港澳台）共有35个城市开通城市轨道交通，运营线路数量达185条，运营线路总长5 761.4 km，和2011年年底的运营里程相比增长4 048.4 km，增长率约为236.33%。按照《"十三五"现代综合交通运输体系发展规划》，到2020年，运营总里程预计将达到6 000千米。对于城市轨道交通运营企业而言，线网规模持续扩大带来的主要安全风险之一就是高速扩张的员工队伍给知识技能传承带来的巨大挑战，原有的技术力量也在数量上被"摊薄"或在质量上被"稀释"，如果缺乏综合素质与能力，将无法应对业务规模大、跨度大、要求高的挑战。基于此，本书通过总结运营调度指挥经验，系统归纳总结场景与预案，将知识与技能通过书本与纸张进行传承。

本书通过评估既有行车指标体系、事故/事件评价方法、行车指标与服务质量的关系，提出列车运行图紊乱度这一概念，可以将事故/事件影响评估变得更加直观化、简便化、快捷化。其次，本书分别建立了行车调整模型、车流组织模型、清客决策模型。最后总结并提炼共性场景，分车辆、信号、供电三个部分解决专项场景问题，一方面对比分析设备故障修复方案的优劣与得失，另一方面使用综合场景分析方法寻找优化解决方案。根据内容，全书共分基础知识、行车应急、客流应急、设备应急四个篇章。

本书希望能为研究学者提供素材，书中列举了大量实践案例，这些案例既是经验又是教训，希望能为学者们开展进一步研究抛砖引玉。本书希望能为一线调度提供思路，书中建立了大量数学模型，这些模型既是方法又是目的，希望能为学习者的调度技能进一步提升添砖加瓦。

在本书的编写过程中，北京交通大学的毛保华教授、北京市地铁运营有限公司的吕楠高级工程师、上海申通地铁集团有限公司的艾文

伟高级工程师、郑州铁路职业技术学院的牛红霞教授、兰州交通大学的田志强副教授给予了大力支持,在此一并致谢。

最后,限于诸多因素,书中难免存在不足之处,请广大读者批评指正。

《地铁调度:场景构建与应急案例》编委会
2019 年 6 月于郑州

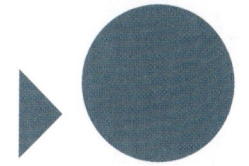

第一篇
基础知识篇

第一章　城市轨道交通概述 ………… 003
第一节　城市轨道交通基本概念 …… 003
第二节　城市轨道交通运营管理统 …… 004
第三节　城市轨道交通运营特性 …… 006

第二章　城市轨道交通系统组成 …… 008
第一节　系统基础设施备 …… 008
第二节　运营生产 …… 013
第三节　运输组织 …… 016

第二篇
行车应急篇

第三章　运营统计指标 ……………… 025
第一节　运营指标体系构成和内容 …… 025
第二节　地铁运营常用统计标 …… 026

第四章　事故/事件评价方法 ……… 029
第一节　既有事故/事件评价方法 …… 029
第二节　既有评价方法不足及
　　　　案例对比分析 ………… 039
第三节　行车秩序紊乱度 …………… 041

第五章　行车调整模型 ……………… 044
第一节　概　述 …………………… 044
第二节　扣　车 …………………… 047
第三节　限　速 …………………… 051
第四节　放空追线 ………………… 053
第五节　备用车上线 ……………… 055
第六节　越　站 …………………… 057
第七节　列车小交路运行 ………… 060
第八节　单线双方向运行 ………… 064
第九节　改变运营模式 …………… 065
第十节　其他调整方式 …………… 068
第十一节　案例分析 ……………… 071

第六章　清客决策模型 ……………… 076
第一节　清客概述 ………………… 076
第二节　清客影响 ………………… 077

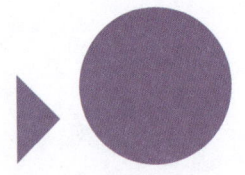

第三篇 客流应急篇

第七章 客流概述 ……………………… 087
第一节 大客流定义及特性 ……………… 087
第二节 大客流分类及产生原因 ………… 094

第八章 车站能力计算 ………………… 096
第一节 车站通行能力 …………………… 096
第二节 车站瓶颈分析 …………………… 111
第三节 换乘站服务水平研究 …………… 115

第九章 客流控制 ……………………… 122
第一节 客流控制目的 …………………… 122
第二节 控制方法分析 …………………… 124
第三节 客流控制协调优化模型 ………… 125
第四节 模型验证 ………………………… 129

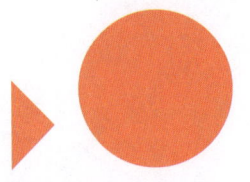

第四篇 设备应急篇

第十章 设备故障概述 ………………… 137
第一节 设备故障分类与影响 …………… 137
第二节 某地铁设备故障统计 …………… 138

第十一章 车辆类场景析 ……………… 141
第一节 车辆类故障汇总分析 …………… 141
第二节 列车救援场景 …………………… 144
第三节 列车停放制动场景 ……………… 155

第十二章 信号类场景分析 …………… 162
第一节 信号类故障汇总分析 …………… 162
第二节 道岔故障场景分析 ……………… 163
第三节 重启车载控制器场景分析 ……… 169

第十三章 供电类场景分析 …………… 174
第一节 供电类故障汇总分析 …………… 174
第二节 主变电所解列支援供电未
　　　　完成期间列车运行能力分析 …… 176
第三节 Z线接触网A6供电分区
　　　　失电场景分析 ………………… 182

结束语 …………………………………… 188

参考文献 ………………………………… 189

图索引 …………………………………… 193

第一篇 基础知识篇

第一章　城市轨道交通概述

本书重点从地铁行车调度的角度出发，构建运营中可能出现的应急场景。为了让读者更好地理解本书内容，本篇首先对书中涉及的专业基础知识进行系统阐述。本章通过介绍城市轨道交通的本质特性和基本要素，使读者了解城市轨道交通对于交通系统的重要性，重点从运营管理和运营特性两方面对城市轨道交通进行详细介绍。

第一节　城市轨道交通基本概念

城市轨道交通是指服务于城市范围内的客运，采用轨道结构进行承重和导向的车辆运输服务系统，依据城市交通总体规划的要求，设置全封闭或部分封闭的专用轨道线路，以列车编组或单车的形式，运送相当规模客流量的城市公共交通方式。城市轨道交通系统包括地铁系统、轻轨系统、单轨系统、有轨电车系统、磁浮系统、自动导向轨道系统和市域快速轨道系统等。

城市是一个人口密集、各种交流活动频繁的特定空间区域，在这个区域中，交通需求有集中、定时、密度大的特点。随着物质生活的不断丰富，人们对出行提出了更高的要求，要求在出行过程中有更加快速、高效、安全、方便、舒适等体验。运营实践表明，城市轨道交通系统凭借其高效、优质的服务以及节约能源、绿色环保的特性，能更好满足人们的需求。同时又因其采用了电力牵引和大运量、集中化的运输方式，恰与城市社会经济发展目标相协调，成为大城市及其交通可持续发展的必然选择。

城市轨道交通系统的基本要素包括以下内容。

一、设 备

设备可分为两类：一类是固定设施，如线路、车站、车辆段、指挥控制系统（信号、联锁、闭塞系统）等；另一类是移动设施，如动车组、自动停车装置等。

二、人 员

人员可分为两类：一类是乘客，即服务对象，他们的出行需求各不相同，要求各异，因而对系统的运营带来较高的要求；另一类是系统内部的职工，包括一线的基层职工和管理人员等，他们是服务的提供者，要求具有较高的素质。

三、技术与管理

技术与管理包括各种作业技术、方法和管理制度，属系统的软件部分，主要目的是为了保证系统能够高效、可靠地运行。

城市轨道交通运营系统是一个在时间和空间上分布很广的动态系统，是一个由多种专业和管理内容组合在一起的综合复杂大系统。在城市轨道交通系统中的地铁子系统中，由于地铁一般位于地下封闭空间内，人流高度密集，具有速度快、起停频繁、风险高、行车调整难度大、应急疏散相对困难等特点，使其更具有复杂性和不确定性。因此，为了保障轨道交通系统安全、可靠地运行，必须要有一个高效、科学的运营控制指挥体系作为支撑。

第二节 城市轨道交通运营管理系统

一、城市轨道交通运营管理

城市轨道交通的基本功能就是按照运输计划通过运营管理来完成运输任务，为城市人口提供安全、便捷的出行服务。因此运营管理是城市轨道交通系统服务生产过程中的一个重要环节，是系统能够安全有序运行的基础保障。

运营管理就是指对城市轨道交通系统各类要素（包括人员、设备、技术与管理）的计划、组织、指挥、协调与控制，是与系统产品生产和服务创造密切相关的各项管理工作的总称。其目的是为了充分发挥系统的效率，确保乘客出行质量。

城市轨道交通系统从运营功能上可以分为三大系统：列车运行系统、客运服务系统和检查保障系统。

1. 列车运行系统

包括线路、车辆、牵引供电、信号、调度控制、车站行车等，是保障运营安全的关键系统。

2. 客运服务系统

包括车站服务、售检票中心、消防、环控、自动扶梯、电梯、屏蔽门等。

3. 检查保障系统

城市轨道交通系统运作是一个庞大的人机动态系统，系统设施设备的运转状态将直接影响整个轨道交通系统的安全运营，为保障设施设备运作功能良好、稳定，必须定期定量投入相应的维护保障工作。

二、城市轨道交通行车组织管理

目前，我国城市轨道交通运营管理工作主要分为行车组织管理、站务管理、票务管理、设备管理四个部分。其中行车组织管理是地铁运营管理体系的核心内容。

行车组织管理工作主要包括运输计划的编制、列车运行图的铺画、列车交路设计、列车运行及行车调度指挥、应急事件指挥等内容。主要担负上述行车管理重点工作的部门是调度控制中心。

调度控制中心主要实施调度指挥工作，调度指挥工作是城市轨道交通系统安全运营的重要保障。调度控制中心实行调度集中、统一指挥制度，各工种协同作业，通过合理运用技术设备，组织、指挥列车运行，协调各个环节的运作，确保实现列车运行图运行计划，完成运输生产任务，保证列车安全、正点运行，提高系统运输效率和运营效益。

三、运营安全管理四要素

（1）周密的运营计划。

城市轨道交通运营的首要任务就是保障运营过程的安全，而运营计划就是保证系统安全运行的基础。

（2）运行线路、设备、设施必须能达到预定系统规模的运送能力，满足乘客出行需求，并能在最佳工作状态下运营。

（3）车辆的运用应灵活适应客流变化各阶段所发生的客流交通量的需要，同时还要考虑到列车编组的潜力。

（4）应急管理体系。

运营单位应针对可能发生的事件事故类型，建立突发事件的预防性措施以及全面的应对措施，包括因设备故障、突发客流、自然灾害等原因造成的非正常运营情况，制定相应的应急处置预案、列车安全运行保障措施等。

第三节 城市轨道交通运营特性

城市轨道交通系统的运营特性主要体现在以下几个方面。

一、服务的安全可靠性

城市轨道交通系统运营宗旨的重点是安全第一，服务至上。为使每一位乘客安全、满意地到达目的地，一方面，在线运行的列车必须严格按照列车运行图的规定安全、准时地运行，保证乘客顺利出行；另一方面，须根据市场需求和客流规律及其变化，制订不同的运行图，以使运能适应运量的需求。

二、系统的联动性

城市轨道交通运营的目的是为乘客提供快速、安全、准时、舒适、便利的运输服务，即城市轨道交通的三大系统——列车运行系统、乘客服务系统和检查保障系统，这三者同时正常、协调运行才能达到"安全运行+优质服务"的目的。

三、调度指挥集中性

城市轨道交通系统中每一条完整运行的线路都应设有一个调度控制中心，由调度控制中心进行严格的一体化统一调度指挥。调度中心配置有在线调度计算机和管理计算机，通过人机对话的方式完成对全系统的分析、计算、监视和控制，对当前运行状况和预计的变化进行判断、决策，以实现跨地区、跨部门以及不同工种之间的统一指挥、快速反应、协调应急、联合行动，有效应对突发性公共事件，保证整个系统运行的可靠性。

四、时空关联性

城市轨道交通系统的产品就是实现人的位移，这样使得时间和空间之间的联系更加强烈。由于时间和空间在运营中的不可存储性，如运行的列车、设备故障等，一旦破坏了这种时空关联性，势必造成列车晚点，甚至更严重的事件或者事故发生。

五、管理的严格性

在城市轨道交通运营系统中，对设备技术含量的要求变得越来越高，但是任何先进的技术设备都不能完全取代运营管理的地位。城市轨道交通运营管理的重要手段是依据规章制度进行管理。规章制度是规范系统人员生产活动的行为准则，各岗位人员必须严格按照规章制度的程序、要求进行生产工作。例如地铁系统中的《行车组织规则》，它是在列车、线路、车站设施、信号（ATC）及通信系统的技术基础上，根据列车不同的运行模式（如正常、晚点、故障等）来规范调度员、列车驾驶员、车站及设备值班人员的活动，包括进行生产工作所必须办理的手续（如调度命令）。

第二章　城市轨道交通系统组成

本书在场景构建、应急案例中，会涉及一部分专业名词，因此，本章通过对城市轨道交通系统的组成进行阐述，使读者对相关专业名词有一定的认识和了解。首先介绍城市轨道交通系统的基础设施设备，然后从运营生产和运输组织两方面进行重点论述。

第一节　系统基础设施设备

一、线路与车站

（一）线　路

1. 线路种类

城市轨道交通的线路是轨道运营的基础设施。一条运营线路的规划设计是否合理，对运营后的行车组织顺畅与否起着决定性的作用，根据线路在运营行车组织中的作用，可分为正线、辅助线和车辆段（停车场）线。

正线是连接两个车站并从区间伸入或贯穿车站、行驶载客列车的线路。地铁正线一般为双线，且列车运行采用双线单向右侧行车的方式，根据运行方向分为上行、下行。

辅助线一般不行驶载客列车，它是为保证正线正常运营而设置的连通上行、下行正线的线路，它们主要包括：折返线、渡线、存车线、出入段（场）线、安全线和联络线等。其中，折返线一般设置在线路两端的终点站，或者设置在准备开行折返列车的中间车站，是专门用于列车折返掉头的线路。渡线是指利用一段线路和道岔，将上行线、下行线或折返线连接起来的线路，充分利用渡线，可以灵活地将上行线的列车转线至下行线，反之亦可。

车辆段（停车场）线是在车辆段（停车场）设置的专用线路，用于场区内进行车辆停放、编组、列检、检修、清洗和调试等作业，根据类型及作用不同，一般分为停车列检线、周（年）检线、大修线、试车线、洗车线、牵出线、掉头线等。

2. 线路敷设方式

轨道交通的线路敷设方式有地下、高架与地面三种。

地下线路敷设在地下隧道中，按埋设深度分为浅埋（埋深不大于20 m）和深埋（埋深大于20 m）两种情形。地下线路通常采用无砟轨道结构（即钢筋混凝土整体道床）以及采用"高站位、低区间"的纵断面设计。

高架线路敷设在高架桥上，高架桥大都采用混凝土结构，其墩柱除应具有足够的强度和稳定性外，造型设计还应与城市景观相协调。

地面线路可以分为路权共用与路权专用两类。路权共用的地面线路通常敷设在街道上，为了不影响其他交通，路权共用线路将槽形钢轨嵌铺在街道路面上。路权专用的地面线路有独立路基，大都采用有砟轨道结构。

3. 线路主要技术标准

轨道交通正线与辅助线的主要技术标准参见表2-1。按远期高峰小时单向运输能力，大运量（≥3万人次/h）轨道交通通常采用A型车或B型车，中运量（1.5万~3万人次/h）轨道交通通常采用C型车。

由于小半径曲线有轮轨磨耗大、噪声大的缺点，实践中应尽量避免采用小半径曲线。车站应尽可能设置在直线上，高架车站与地面车站的线路一般应采用平坡，地下车站的线路要考虑排水的需要，一般采用2‰~3‰的坡度。此外，正线与辅助线一般均采用9号道岔。

表2-1 正线与辅助线主要技术标准

基本类型	线路类别	A型车（3 m宽）	B型车（2.8 m宽）	C型车（2.6 m宽）
最小曲线半径/m	正线	300~350	250~300	50~100
	辅助线	150~250	150~200	25~80
最大坡度	正线	30~35‰	300~350‰	60‰
	辅助线	40‰	40‰	60‰
钢轨质量/(kg/m)	正线	≥60	50~60	50
	辅助线	≥50	≥50	50

4. 线路限界

限界是指为保证列车在线路上的运行安全，限定车辆运行、设备及轨道周围构筑物不得超出或侵入的轮廓尺寸线[1]。轨道交通的限界分车辆限界、设备限界和建筑限界三种。

车辆限界是车辆在正常运行状态下的最大动态轮廓尺寸线，高架线或地面线的车辆限界还应该考虑最大风载荷引起的横向和竖向偏移量。设备限界介于车辆限界和建筑限界之间，是沿线设备在安装时不得侵入的轮廓尺寸线。建筑限界是线路必须具有的最小有效断面的轮廓尺寸线，地下线路的建筑限界是隧道内径的轮廓尺寸线。

（二）车　站

轨道交通车站是乘客上下车、换乘的场所，也是列车到发、通过、折返或临时停车的地点。

1. 车站分类

车站按运营功能的不同分为终点站、中间站、折返站和换乘站；按是否具有站控功能分为集中控制站和非集中控制站；按站台型式分为岛式站台车站、侧式站台车站和混合式站台车站；按客流量大小分为不同等级的车站；按线路敷设方式分为地下站、高架站和地面站。

2. 车站基本构成

车站一般由出入口、站厅、站台和生产用房等组成，通道、楼梯和自动扶梯将出入口、站厅与站台连接起来。

车站站厅通常被划分为以下几个区域：乘客可自由进出，提供售票和商业服务的非收费区；乘客检票后进入的以及提供给乘客候车区域的收费区；车站控制室、售票室等所在的作业管理区；机电设备以及设备用房等所在的设备区。

车站站台供列车停靠和乘客候车、上下车使用。站台按类型不同，分为岛式站台、侧式站台和混合式站台等。

车站生产用房主要分为作业用房、管理用房和设备用房三类。行车、客运作业用房包括车站控制室、售票室和休息室等；车站管理用房包括站长室、站务室、票务室和警务室等；各种设备用房包括通信、信号、自动售检票、环控、屏蔽门等设备的用房。

二、车辆及车辆基地

(一) 车 辆

车辆是输送乘客的运载工具,轨道交通车辆大都采用电力牵引。车辆通常编组成列车运行,并且大都采用动拖组合、全列贯通的编组形式。

1. 车辆分类

车辆按技术特征的不同分为地铁车辆、轻轨车辆和单轨车辆等;按支承、导向制式的不同分为钢轨车辆和胶轮车辆;按容量的不同分为大容量、中容量和小容量车辆,以及我们国家的 A 型车、B 型车、C 型车和 L 型车;按牵引动力装置的不同分为动车和拖车等类型。

2. 车辆基本构造

车辆的基本构造包括车体及附属设备、走行部、牵引动力装置、制动装置、受流装置、车钩缓冲装置和车辆电气系统等。

(二) 车辆基地

车辆基地是车辆段和停车场的统称。车辆段是车辆运用、停放、检修以及进行列车技术检查、车辆清扫洗刷等日常保养维修作业的场所;停车场除不承担车辆定期检修作业外,其余功能与车辆段相同。

三、控制系统及其他设备系统

(一) 控制系统

控制系统主要由信号系统、通信系统和控制中心构成,作用是保障列车运行安全、提高线路通过能力、保证作业协调与提高运营效率。

1. 信号系统

信号系统包括信号设备、联锁设备、闭塞设备以及列车自动控制(ATC)系统。其中,信号设备分为地面信号设备和车载信号设备;联锁设备设置在有道岔车站和车场范围内,为道岔、信号机、进路三者之间建立一种相互制约的关系;闭塞设备是为防止列车相撞,使列车通过行车闭塞方式来实现按空间间隔法行车的设备;列车自动控制(ATC)系统是在传统的信联闭设备、调度集中(CTC)系统的基础上,应用信号、通信、计算机、自动控制等先进技术，以列车速度自动控制为核心的信号系统，由列车自动防护（ATP）系统、列车自动监控（ATS）系统和列车自动驾驶（ATO）系统构成。

2. 通信系统

通信系统主要由专用通信、无线通信、闭路电视监控和有线广播等子系统组成。其中：专用通信系统是为列车行车组织有关的作业联系提供通信手段，包括调度电话、站间行车电话、站内（段内）直通电话和区间轨旁电话；无线通信系统是双向的，为流动作业人员（如列车司机、设备维修人员和抢险救灾人员）提供通信服务。

3. 控制中心

在轨道交通进入网络化运营后，运营控制分为网络运营协调中心（COCC）和线路控制中心（OCC）两部分。网络运营协调中心是轨道交通网络运营协调与应急指挥中心，可以实时监控全线网络的列车运行、客流变化和设施设备的运行状态，在发生突发紧急事件时，负责协调和指挥有关单位进行应急处置等工作；线路控制中心是轨道交通线路行车组织、电力监控、设备监控和防灾报警监控的调度指挥中枢，同时也是信息交换处理中心，负责管辖线路的行车、客运、电力和环控等调度作业，在发生事故、灾害的情况下，要同时承担事故、故障、突发事件的应急处置职责。

（二）其他设备系统

1. 牵引供电系统

轨道交通牵引供电系统由牵引变电所与牵引网组成。牵引变电所将主变电所的高压交流电降压整流为所需的电压等级，向沿线接触网供电；牵引网由接触网和回流网组成，接触网为正极，回流网为负极，分别通过电缆与牵引变电所连接，根据安装位置和接触导体的不同，接触网分为架空接触网和接触轨（又称第三轨）。

2. 环控系统

轨道交通环控系统包括车站通风空调和隧道通风两个系统。车站通风空调系统可分为公共区和设备管理用房通风空调两个子系统；隧道通风系统目的是改善地下车站与区间隧道内的空气质量、温度和湿度环境，以及在发生火灾事故时排烟送风，使乘客能安全撤离。

第二节 运营生产

一、运营调度

轨道交通是一个复杂的、技术密集型的城市公共交通系统，具有各项作业环节紧密联系和各部门、各工种协同工作的特点。为实现对运输生产活动进行集中领导、统一指挥运营，轨道交通设置有线路运营控制中心（OCC）调度机构，凡是与列车运行有关的部门、工种都必须在OCC的统一组织指挥下安全高效地进行运输生产活动。

（一）线路控制中心组织架构

OCC是地铁运营日常管理、设备维修、行车组织的指挥中心，是地铁全线网运营信息的收发中心，控制中心根据专业性质设置有OCC值班主任、行车调度、电力调度、环控调度和维修调度等调度工种，对全线列车运营和设备运行进行控制、协调、指挥和调度（见图2-1）。

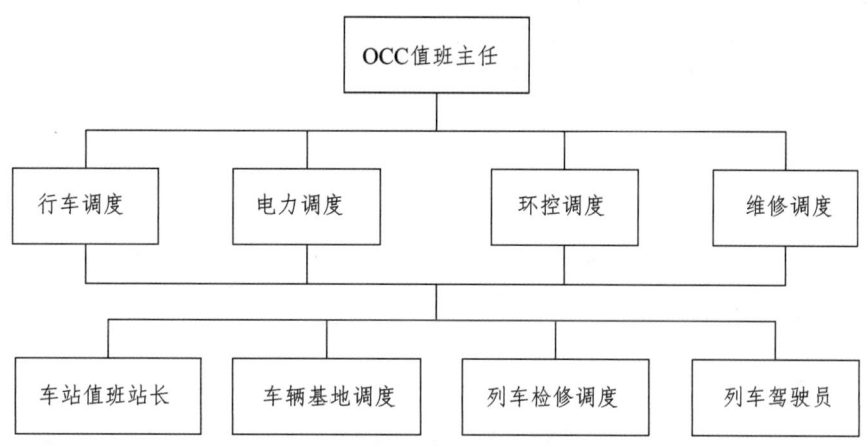

图2-1 线路控制中心组织架构图

行车指挥分为一级、二级两个指挥层级，二级服从一级指挥。

一级指挥为：OCC值班主任、行车调度、电力调度、环控调度、维修调度。

二级指挥为：车站值班站长、列车检修调度、车辆基地调度。

各级指挥根据各自职责任务独立开展工作，并服从OCC值班主任总体协调和指挥。

（二）线路控制中心各岗位职责

1. 值班主任

值班主任是OCC轮值调度班组的负责人，全面负责领导、指挥和协调班组调度员的运营生产工作。

2．行车调度

行车调度（下文简称行调）是运营控制中心的关键岗位，主要负责组织实施正线及辅助线的行车组织作业等。为了更好地认识和理解行车调度，后文将会对行车调度的具体职责以及工作内容做详细的阐述。

3．电力调度

电力调度主要负责对正线及车辆基地的供电设备进行实时监控，处理关于供电设备的故障以及对行车造成的影响等。

4．环控调度

环控调度主要负责火灾报警系统的中心级监控，车站环控设备及隧道通风系统的中心级监控等。

5．维修调度

维修调度主要负责管辖线路范围内设施设备一类和二类故障的组织、抢修指挥工作，实时监控和掌握线路客流量的变化情况、统计和发布相关运营信息等。

（三）行车调度关键职责

1．行车指挥

按照行车组织有关规章的规定，监控列车运行，维持正线列车运行秩序，确保列车运行安全、正点。

2．设备监控

监控各种行车设备运作，发现设备故障及时通报，并做好故障记录工作。

3．应急处置

处理运营中出现的紧急突发事件，及时调整列车运行，尽快恢复正常运营，减少损失。

（四）行车调度在行车组织方面的工作

1．运营服务前的准备工作

行车调度在每日运营开始前，须按照各自所辖线路行车组织规则的要求布置运营前检查。检查当晚的所有施工及调试作业是否完毕并已销点；检查线路是否符合行车条件；确认时刻表是否装载成功；检查接触网带电情况，等等。

2. 运营服务期间

（1）行调按"运营时刻表"指挥行车。

按时组织电客车进入正线，到达指定位置，包括早、晚高峰列车的出厂及回厂。

（2）监控列车运行。

重点监控列车车次、列车驾驶模式、列车间隔、列车运行进路等运行信息，出现异常时及时介入处理。

（3）调整列车运行。

通过利用行车调整方法，在正线发生故障时，及时对列车进行调整，均衡行车间隔，保障持续运营。

3. 运营服务结束

行调根据运营时刻表要求组织列车回厂，通过工作站及大屏监控到当日上线列车全部出清正线，并与段厂核实当日上线列车已全部回厂。

4. 夜晚施工组织

白天组织运营生产，晚上行调要组织施工作业。待正线运营电客车全部回厂，正线满足施工作业条件之后，行调依据当晚施工计划开始进行晚上的施工作业。

二、车站站务

车站站务实行层级负责制，岗位主要分为：站长、值班站长、行车值班员、车站客运服务人员。

车站行车组织工作主要包括：监督行车设备运作状态，收集信息并上报运营控制中心OCC，执行行车调度命令并对列车进行调整，与列车驾驶员执行联控措施等。在车站，行车组织工作由值班站长统一领导，行车值班员指挥。

三、列车乘务

列车乘务的主要管理对象是列车驾驶员。列车驾驶员包括电客车司机和车辆段（停车场）备班司机。

1. 电客车司机

主要负责操作驾驶、监控列车安全运行，并负责线路和列车现场突发事件、事故、故障的应急处理工作等。

2. 段/场备班司机

为保障白天不间断运营，通常在车辆段（停车场）相应股道或者正线车站相应辅助线上放置一辆或两辆备用车。备班司机主要负责在正线运营需要备车上线的时候，根据行车调度命令及时将备车加开至相应地点投入正常的载客运输服务。

四、车辆及设施设备维护与检修

1. 车辆维护与检修

运营单位应根据线路运营需要，制订运用车、维修车和备用车计划，满足行车、维修和应急抢修的需要。车辆应定期维修，保持技术状态良好，设备齐全。按照国家相关技术标准要求，根据车辆实际技术状态、走行里程、使用时间来确定检修周期，制订检修规程，可采用日检、双周检、月检、年检（定期）、架修或大修等。

2. 设施设备维护与检修

设施设备管理范围主要包括地铁线路系统、供电系统、机电系统、通信系统、信号系统、环境与设备监控系统等。运营单位应对设施设备进行日常巡查、测试和维修，保障设施设备技术状态良好、稳定，功能使用正常，无侵限现象。设备维修方式一般可以分为计划修、状态修和故障修三种。影响行车的维修施工，应经运营控制中心行车调度员确认后方可进行，不影响行车的维修施工，经车站值班站长确认后方可进行。

第三节　运输组织

一、运输计划

地铁的运输计划是地铁运营组织和管理的基础，也是地铁行车组织的基础工作。一般可以从两个方面理解运输计划：一是从社会效益看，城市轨道交通系统应充分发挥客运量大、出行高效的特点，为城市内的乘客提供安全、准点的出行条件；二是从企业经济效益看，地铁的运营应尽量实现高效率、低成本的目标。为了实现上述两个目标，地铁的运营组织就必须以运输计划为基础，合理调度和指挥列车运行，从而达到高效低耗的目的。

（一）运营时刻表

地铁的各次列车在正线运营时，并不是没有规律和要求的，而决定列车运行次序、维持正线运营列车秩序的正是"运营时刻表"，它是列车在车站（车辆段/停车场）出发、到达（或通过）及折返时刻的集合。

运营时刻表是行车组织工作的基础，是地铁运营企业日常工作的一个基础综合性计划。它不仅仅针对正线的行车组织工作，而且是要求企业内其他岗位、工种均需要围绕它来组织开展相关工作，如：列车车辆的维护部门需要根据运营时刻表的要求，制订每列车的检修时间和派出时间；司乘人员需要根据运营时刻表的计划，安排好司乘人员的工作及休息计划；车站需要根据它的要求开展本站的行车组织和客运组织工作，确保开站及关站时间无误，做好高峰期车站客流组织工作；设备设施维护维修部门也要根据它的相关要求来做好设备设施的施工以及日常检修维护计划等。可以说，运营时刻表是整个地铁运营企业最核心的计划，相关工作均需要围绕它来开展。

（二）列车运行图

列车运行图是利用坐标原理，将运营时刻表中的相关数据用点、线、网的形式来表示，用以表示列车运行的时间与空间关系，如图2-2所示。列车运行是一个很复杂的过程，而列车运行图是组织列车运行的基础，它规定了各次列车占用同一区间的顺序、在某一车站到达和出发时间点、前后列车运行间隔等，在保证城市轨道交通企业各生产部门的相互配合和协调方面起到了重要积极的组织作用。

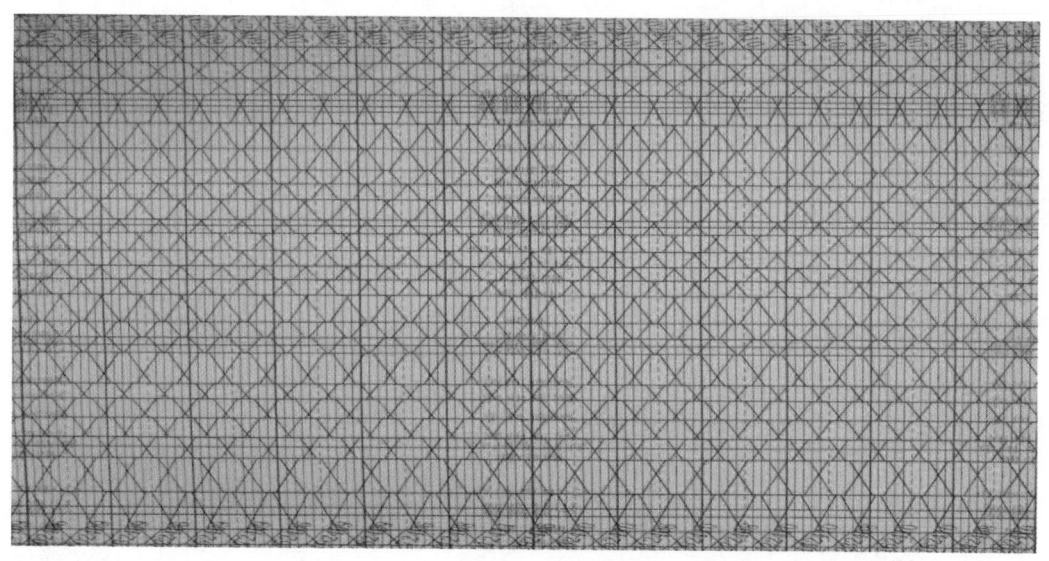

图 2-2 某地铁列车运行图

列车实际运行图是根据列车的实际运行情况在标准运行图上重新铺画而成的，反映列车实际运行轨迹的运行图。它由列车计划运行线与列车实际运行线构成。

实际列车运行图由车站名称、车站位置、时间、列车车次、列车计划运行线、列车实际运行线等组成。如图2-3所示：其中横线代表车站位置、竖线代表时刻（每一个间隔代表1 min）、黑色斜线代表列车计划运行线、洋红色斜线代表实际列车运行线、向下或向上代表上下行方向。

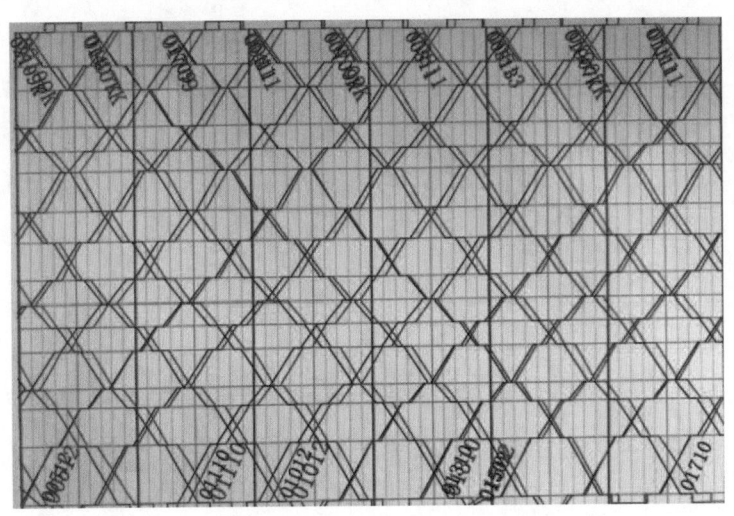

图2-3 某地铁列车实际运行图

运营时刻表和列车运行图相辅相成，只有在充分考虑地铁运输系统能提供的运营设备能力的基础上，根据各个时期客流量、各个时段断面客流量的规律，制订经济合理的运营时刻表和列车运行图，使运能与运量充分匹配，才能在满足乘客出行需求的基础上，最大程度地降低企业运营成本，获得较好的经济收益。

二、正常情况下的运输组织

（一）正常情况下的行车组织

1. 行车组织概念

城市轨道交通行车组织是城市轨道交通运输生产组织最核心的组成部分，是指在运输生产的过程中，为完成运送乘客的任务所进行的一系列与运输有关的工作。它负担着指挥列车运行、保证行车安全、提高运输效率等重要任务。

2. 行车组织方式

《行车组织规则》是地铁运营中的技术设备、行车组织、列车运行、设备检修施工等有关规定的总则，是地铁运营管理、行车组织的指导性规则。它从一条运营线路的技术设备入手，对行车组织、列车运行、设备检修施工、非正常情况下的行车组织、调车作业、信号显示等进行了规范性要求，任何行车作业，都必须满足《行车组织规则》的相关要求。

（1）列车折返方式。

列车通过进路改变、道岔的转换，经过车站的调车进路由一条线路运行至另一条线路的方式称为列车折返，具有列车折返能力的车站被称为折返站。根据折返线布置的不同，列车折返一般分为站前折返、站后折返两种方式。

站前折返方式是指列车在中间站或终点站利用站前渡线进行的折返作业。列车折返的过程中会占用区间线路，从而影响后续列车的闭塞，因此对行车安全保障的要求较高。

站后折返方式是指列车在中间站、终点站利用站后折返线进行折返作业。

（2）列车运行交路。

列车运行交路是列车运行的方式，地铁线路配线特点是站线少甚至没有侧线，但地铁线路又具有交通线路较长、客流分布不均的特点，根据这些特点可以将列车运行交路分为大交路、小交路和大小混合交路。

大交路是指列车在全线各站之间运行，为全线提供运输服务，列车在线路两端终点站进行折返；具有行车组织运行方式简单等优点，但对于全线客流不均的情况、合理利用运能方面有所欠缺。

小交路是指列车在某一区段或某几站间内运行，利用存车线或者渡线线路进行折返，为某一区段的乘客提供出行服务，满足某一高峰期几站之间断面客流量大的需求。小交路往往在故障恢复期，调整列车运行时使用，或者在应急情况下短时间使用，对乘客服务会造成一定影响。

大小混合交路是指线路中既有大交路列车运行，也有小交路列车运行的情况。这是城市轨道交通正在探索推进的交路形式，根据线路客流分布情况，制订大小混合交路，具有经济效益高、集中驳运乘客量大的特点，但这种行车组织方式较为复杂，对行车技术人员要求较高，同时对客运服务水平的要求也较高。

（二）正常情况下的客运组织

1. 客运服务

就地铁系统而言，地铁服务基本工作内容包括地铁运输过程中实现乘客空间位移时所提供的必要作业、信息服务。具体服务产品包括安全正点的列车运行状态、井然有序的站台秩序、方便快捷的售检票方式、稳定可靠的设备设施等等。

2. 设备监管

设施设备监管是客运服务的重要内容之一。OCC 调度员主要监管中央 MMI/ATS 工作站、中央 CCTV 工作站、无线调度台、环控、供电等设备，车站人员主要监管车站 ATS/LCW 工作站、车站 CCTV 工作站、检票闸机、自动售票机等设备。根据相关技术标准，为达到运行需求，相关设备运营指标的年度统计数据须满足以下要求。

（1）信号系统故障率。

不应高于 0.8 次/万列·千米。

（2）供电系统故障率。

不应高于 0.16 次/万列·千米。

（3）屏蔽门故障率。

不应高于 0.8 次/万次。

（4）自动扶梯可靠度。

应大于或等于 98.5%。

（5）电梯可靠度。

应大于或等于 99%。

（6）售票机可靠度。

应大于或等于 98%。

（7）检票闸机可靠度。

应大于或等于 99%。

3. 客运组织

客运组织是指通过合理布置客运有关设备设施以及对客流采取有效分流或引导措施来组织客流运送的过程。从某种程度上说，客运组织也是服务的一部分，即保证井然有序的车站秩序。

车站客运组织主要包括进站客流组织、出站客流组织以及换乘客流组织 3 个方面的内容。

客运组织应考虑的因素包括：车站站式和站型（包括通过能力）、车站周边情况及客流类型、在时间以及空间上的客流特点、站内设备设施布置情况、自然天气以及突发事件等。

三、非正常情况下的应急组织

（一）应急预案

1. 基本内容

（1）定义。

城市轨道交通应急预案是针对自然灾害、重特大事故、环境公害及人为破坏等地铁突发事件所做的应急管理、指挥、救援计划等。它明确了突发事件发生前、发生中及发生后的资源准备、人员分工及相应的处置等策略。

（2）分类。

城市轨道交通应急预案大致分为以下3种类型。

① 综合应急预案。

综合应急预案从整体上阐述了运营突发事件的应急工作原则，明确应急组织机构及其相应职责，应急预案体系、事故风险描述、监测与预警、信息报告、应急响应、保障措施、应急预案管理等内容，是应急措施与应急保障等基本要求和程序的综合性文件。

② 专项应急预案。

专项应急预案是为应对某一类型或某几种类型事故，或者针对重要生产设施、重大危险源、重大活动等内容而制订的应急预案。专项应急预案主要包括事故风险分析、应急指挥机构及职责、处理程序和措施等内容，具有很强的操作性和针对性，是综合应急预案不可缺少的组成部分。

③ 现场处置方案。

现场处置方案是各相关部门根据不同事故类别，针对具体的场所、装置或设施所制订的应急处置措施，主要包括事故风险分析、应急工作职责、应急处置和注意事项等内容，具有手册性质，主要起提示的作用。

2. 应急预案编制

（1）编制原则。

① 以人为本。

在地铁突发事件应急处置过程中，要把保障人民群众的生命安全和身体健康作为应急工作的出发点和落脚点，最大限度地减少由地铁突发事件造成的人员伤亡。

② 制度化原则。

地铁应急预案是为地铁企业应对突发事件而制订出来的集防范、处理、管理和恢复于一身的一套完整体系，其直接影响地铁企业目标的实现，涉及整个企业的根本利益，所以必须以立制的形式做出规定。

③ 统一领导、分工负责原则。

应急预案是处理紧急情况的准则，由于事故现场比较混乱，所以预案的编制必须明确集中、统一的领导机构和人员，各部门在统一指挥的基础上分工协作，以提高资源的使用效率。

④ 危机分级原则。

地铁运营企业应根据突发事件的类型、影响范围、危害程度与表现形式的差别，采取不同方式的处置办法和反应力度，同时需要由不同层级、类型的指挥机构来统一指挥，并为其设定相应的动员权限。

（2）编制步骤。

① 成立编制小组。

地铁决策领导层首先应在监督管理层或技术支持层中指定应急预案的编制人员，并赋以一定的权力和责任，成立编制小组。

② 资料收集与事故辨识。

编制小组成立之后，其面临的首要任务就是收集制订预案过程中需要的相关资料与信息，在这些信息的基础上列出本地铁已经和可能发生的事故，根据事故的性质、后果等特征进行分类，确定预案的研究对象。

③ 应急资源评估。

编制小组要考察和评价地铁在紧急情况下所具有并可以利用的资源，如人力、财力、物力等有形资源，控制、指挥、协调、领导等无形资源。

④ 应急人员及职责确定。

要想正确实施应急预案必须要明确职责，地铁事故应急指挥岗位一般由地铁正常运营时管理系统中各相关岗位人员来担任。除此之外，还可能组建专业的应急救援队伍。

⑤ 应急反应组织建立。

当预案人员及其职责和应急资源评估确定之后，建立应急反应组织，并保证其能在紧急情况下在最短的时间内部署完毕，这是应急救援预案最重要的目的之一。

⑥ 形成具体应急预案。

形成的应急预案一般包括：应急预案总则、组织指挥体系及职责、预警和预防机制、应急响应、后期处置和保障措施等。应急预案体系是一个全面指导整个应急过程中涉及的部门、人员及其操作具体步骤的完整体系。

第二篇　行车应急篇

第三章 运营统计指标

运营指标在一定程度上反映了当前地铁运营的质量。而运营质量是运营企业考核的核心内容，能够反映企业生产质量状况，为公司高层提供持续改进信息和决策支撑。由于影响运营质量的因素很多，导致运营指标体系内容众多，而地铁运营常用统计指标便可作为反映企业能力的关键指标，也能概括反映生产指标的完成状况，是运营指标体系建立的主要立足点。

第一节 运营指标体系的构成和内容

城市轨道交通运营指标体系包括基础指标、客流指标、列车运行指标、安全指标、服务指标、能耗指标和财务指标等 7 大类，33 小类，102 项指标，如图 3-1 所示。

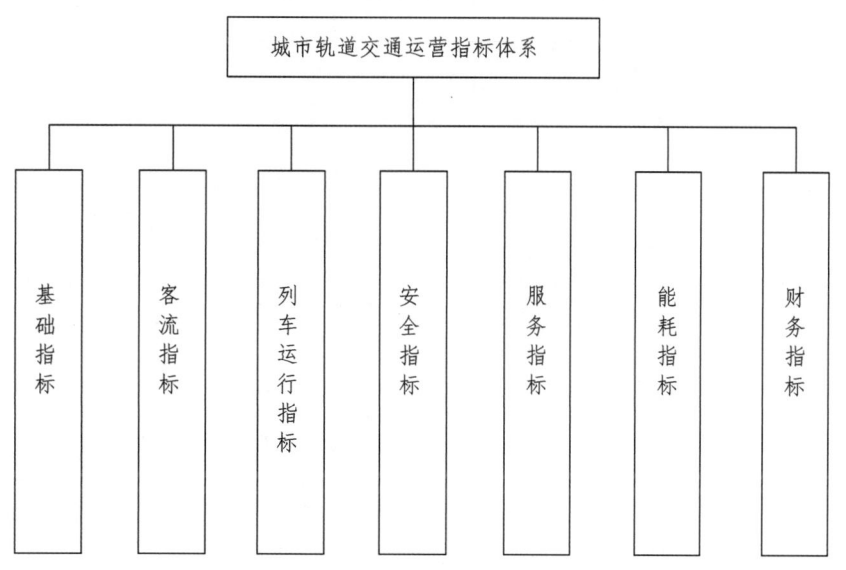

图 3-1 城市轨道交通运营指标体系

基础指标由运营线路、运营长度、运营车站和站间距4类共计9项指标组成，反映城市轨道交通路网的发展规模。

客流指标由进站量（进线量）、出站量（出线量）、换乘量、客运量、断面客流量、客运周转量、乘客出行特征、强度、客流不均衡9类共计28项指标组成，反映轨道交通路网客流时间、空间等特征。

列车运行指标由车辆利用、运力、行驶里程、运行速度、满载率、计划兑现、运行晚点、延误事件、清客、抽线、通过11类共计36项指标组成，反映列车运用、在线运行等情况。

安全指标由安检、运营事故2类共计6项指标组成，反映轨道交通路网安检、运营事故情况。

服务指标由乘客服务、设备设施可靠度、设备设施完好率3类共计16项指标组成，反映轨道交通路网对乘客服务的情况。

第二节 地铁运营常用统计指标

地铁运营常用统计指标主要有晚点、抽线、列车服务可靠度等，其定义及计算方法/计算公式统计如表3-1所示。

表3-1 常用统计指标的定义及计算方法/计算公式

客运量	定义	报告期内，运送乘客的总量（人次）
	计算公式	（1）线路客运量（人次）=∑（本线进且本线出客流+换入至本线客流+由本线换出客流+途径客流） （2）网络客运量（人次）∑线路客运量
高峰小时断面客流量	定义	一个高峰小时时段内，某条轨道交通运营线路在同一方向通过某区间断面的乘客数量（人）
	计算方法	运用AFC系统OD表计算出
上线列车数	定义	列车技术状态经车辆管理部门确认满足运营要求，交付客运部门使用，并担当正线运营任务的列车数（列）
	计算方法	凡因运营服务需要当日上线运营过的列车统计为上线列车
备用列车数	定义	列车技术状态经车辆管理部门确认满足运营要求，交付客运部门使用，但在车辆段或车站备用线上停放备用，随时可担当正线运营任务的列车数（列）

续表

检修列车数	定义	列车由于故障或计划维修所需，由车辆维修部门安排在库内进行检修作业的列车
清客列次	定义	在运行图计划执行过程中，已进行载客的列车因故无法按计划继续执行载客业务，需要在车站（始发站除外）、区间将乘客由车厢中清出至站台的列次数
运行大间隔次数	定义	运营时段内，发生运行大间隔的次数总和
	计算方法	载客列车到达本车次终止站后与前、后载客列车的最大实际行车间隔减去运行间隔后大于 15 min 且小于 30 min 的计为运行大间隔
列车下线次数	定义	运营时段内，发生列车下线的次数总和（次）
	计算方法	运营时间内，载客列车因故障达到下线标准需要退出服务的，均计为下线
列车停运次数	定义	运营时段内，列车停运的次数总和（列次）
	计算方法	在运行图计划执行的过程中，图定运行计划因故无法得到执行的均为停运
运营里程	定义	运营列车为了运营在线路上行驶的全部里程。它包括载客行驶和空车行驶的全部里程（车千米）
运营速度	定义	地铁列车在运营线路上运行时的平均速度（km/h）
	计算公式	$运营速度 = \dfrac{2 \times 运营线路长度 + 站后折返线长度}{往返行驶时间 + 上下行终点折返时间 + 中间站停站时间} \times 3\ 600$
运送速度	定义	地铁列车在运营线路上运载乘客时的速度（包括列车在各中间站的停站时间）（km/h）
	计算公式	$运送速度 = \dfrac{运营线路长度}{单程行驶时间} \times 3\ 600$
技术速度	定义	地铁列车在运营线路上自起点至终点不计停站时间的运行速度（km/h）
		$技术速度 = \dfrac{运营线路长度}{单程行驶时间 - 中途停站时间} \times 3\ 600$
运行图兑现率	定义	运营时间内，运行图定实际开行的列次与计划开行的列次之比，用以表示运行图兑现的程度
	计算方法	（1）实际开行列次是指统计期内，列车为完成运营生产任务在正线上行驶的次数，分为载客列次和空驶列次两部分，包括计划外的加开列次，不包括抽线列次以及未按图定计划运行完全程的列次 （2）图定开行列次是指统计期内，运行图图定开行的总列次，分为载客列次和空驶列次两部分，不包括调试车
	计算公式	$\dfrac{图定开行列次 - 图定晚点列次}{图定开行列次} \times 100\%$ 或 $\dfrac{图定计划内实际开行的列次}{图定开行列次} \times 100\%$ 或 $\dfrac{图定开行列次 - 抽线列次 - 未按图定计划运行完全程的列次}{图定开行列次} \times 100\%$

续表

正点率	定义	图定准点列车次数与图定开行列次之比，用以表示运营列车按图定时间正点运行的程度
	计算公式	$\dfrac{\text{图定开行列次}-\text{图定晚点列次}}{\text{图定开行列次}} \times 100\%$
晚点	定义	统计期内，比照运营时刻表单程每列延误 2 min 以下为正常，2 min 及以上为晚点；因加开专列或列车调整需要，在两端站晚发的列车不计晚点，但在单程运行过程中增晚 2 min 及以上为晚点
	分类	按照晚点时间的长短分为：2（含）～5 min 晚点、5（含）～10 min 晚点、10（含）～15 min 晚点、15（含）～30 min 晚点
列车服务可靠度	定义	在统计期内，线路列车发生 5 min 及以上延误事件之间平均行驶的车千米数，单位：万车千米/件 5 min 延误事件次数是指统计期内，线路开行的列车在全程或某个车站的延误时间大于等于 5 min 的事件次数，单位为件/统计期
	计算公式	$\text{列车服务可靠度} = \dfrac{\text{总运营里程}}{5\ \text{min 及以上延误事件数}}$

第四章 事故/事件评价方法

随着地铁线路逐年增加,地铁运营风险逐渐成为人们研究的对象,地铁风险评价指标体系作为地铁风险评价的出发点,逐步得到重视。本章通过既有事故/事件评价方法对地铁运营事故进行对比分析,发现现有的评价方法量化标准不一、客观性不足、可操作性不强,因此,本章引出行车紊乱度评价指标,以补充既有评价体系的不足。

第一节 既有事故/事件评价方法

一、事故风险水平评价方法

事故风险水平评价是依据年度事故发生率进行的评价,事故风险水平划分为不可接受、可接受及可忽略 3 个层次。

事故等级分类、人身伤亡、直接经济损失、行车事故的定义按照表 4-1、4-2 所示的规定确定。

表 4-1 事故等级定义表

事故等级	人身伤亡	直接经济损失	行车事故
特别重大事故	死亡 30 人及以上	1 000 万元及以上	—
重大事故	死亡 3 人以上或重伤 5 人及以上	500 万元及以上	中断行车时间 $t \geqslant 180$ min
大事故	死亡 1~3 人或重伤 3 人及以上	100~500 万元	中断行车时间 180 min $> t \geqslant 60$ min

续表

事故等级	人身伤亡	直接经济损失	行车事故
险性事故	—	—	（1）列车冲突、脱轨或分离运行中需要的重要部件； （2）列车冒进信号、擅自退行或溜车； （3）向占用闭塞区段发车； （4）列车错开车门、夹人走车、开门走车或运行中开启车门； （5）线路或车辆超限界
一般事故	重伤1~2人	1万元及以上	中断行车时间 60 min > $t \geqslant$ 20 min

注：1. 危害程度同时满足其中两项或两项以上条件者取最严重的条件作为事故等级划分依据。

2. 中断行车时间为 40 min > $t \geqslant$ 20 min 时，计 1 起一般事故；60 min > $t \geqslant$ 40 min 时，计 2 起一般事故。

3. 每次事故轻伤 1 人时计 0.3 起一般事故。

表 4-2　人身伤亡、直接经济损失定义表

人身伤亡	发生事故后的 24 h 内，履行地铁运营生产职务或车站服务的现场人员（救援人员除外）、持有有效乘车凭证的人员（包括乘客携带的享受免费乘车待遇的儿童）的伤亡
重伤	见《企业职工伤亡事故分类标准》
轻伤	见《企业职工伤亡事故分类标准》
运营正线中断行车	事故发生在区间或站内，在正线上造成堵塞阻隔状态，造成单线不能行车。由事故发生造成堵塞行车时起，至实际恢复连续通行列车行车条件的时间止，为中断行车时间
直接经济损失	车辆、线路、桥隧、通信、信号、供电等技术设备损失费用及事故救援、伤亡人员处理费用（不含人身保险赔偿费用）

责任事故折算因子按照如表 4-3 所示的规定进行确定。

表 4-3　责任事故折算因子表

事故等级	责任事故折算因子
特别重大事故	100
重大事故	22
大事故	11
险性事故	3.5
一般事故	1

另外，地铁运营企业针对安全运营生产中发生的，使安全运营秩序、车辆、设备及经济损失受到一定影响的安全问题或现象，按本企业内部规章界定为小事故，以区别上级单位文件中关于一般事故的名称等级，在地铁公司内部将其称为一般事故。一般事故按事故损害程度或对运营造成影响程度可分为 A、B、C 三类。其中，针对安全运营生产中发生的安全问题或现象，虽未造成损坏，但为加强对安全隐患的控制工作，将相关可能对安全运营产生危害或影响的问题，视其程度定性为 B 类一般事故或 C 类一般事故并加以考核，折算因子如表 4-4 所示。

表 4-4 一般事故折算因子表

事故等级	责任事故折算因子
A 类一般事故	1
B 类一般事故	0.5
C 类一般事故	0.2

非地铁方全责的事故折算因子应按照下式计算：

$$非地铁方全责的事故拍片因子 = 责任百分比 \times 相应责任事故折算因子$$

非责任事故折算因子应按照下式计算：

$$非全责的事故拍片因子 = 0.1 \times 集相应责任事故折算因子$$

年度百万车千米等效事故率应按下式计算：

$$年度百万车千米等效事故率 = \frac{\sum(事故个数 \times 事故折算因子)}{百万车千米}$$

事故风险水平按照如表 4-5 所示的规定进行确定。

表 4-5 事故风险水平表

事故水平	不可接受	可接受	可忽略
年度百万车千米等效事故率	>0.65	0.65～0.2	<0.2

二、行车指标量化评价方法

为方便对比分析同类故障产生行车指标的大小，在参考事故折算因子的基础上，建立了一种主要行车指标的量化方法，具体如表 4-6 所示。

表 4-6 行车指标量化表

事故等级	行车指标量化因子
15 min 以上晚点	2
10～15（不含）min 晚点	1.5
5～10（不含）min 晚点	1
2～5（不含）min 晚点	0.5
清客 1 列	3
下线 1 列	2
救援 1 列	5
抽线 1 列	2
未完成单程 1 列	2

利用量化因子在对某企业某年度各月行车指标进行折算后的结果如表 4-7、图 4-1 所示。

表 4-7 某企业某年度各月行车指标折算表

月份	1月	2月	3月	4月	5月	6月	合计
指标	23.5	4.5	50.5	16.5	3	2.5	
月份	7月	8月	9月	10月	11月	12月	314
指标	20.5	46	7	84.5	41	15	

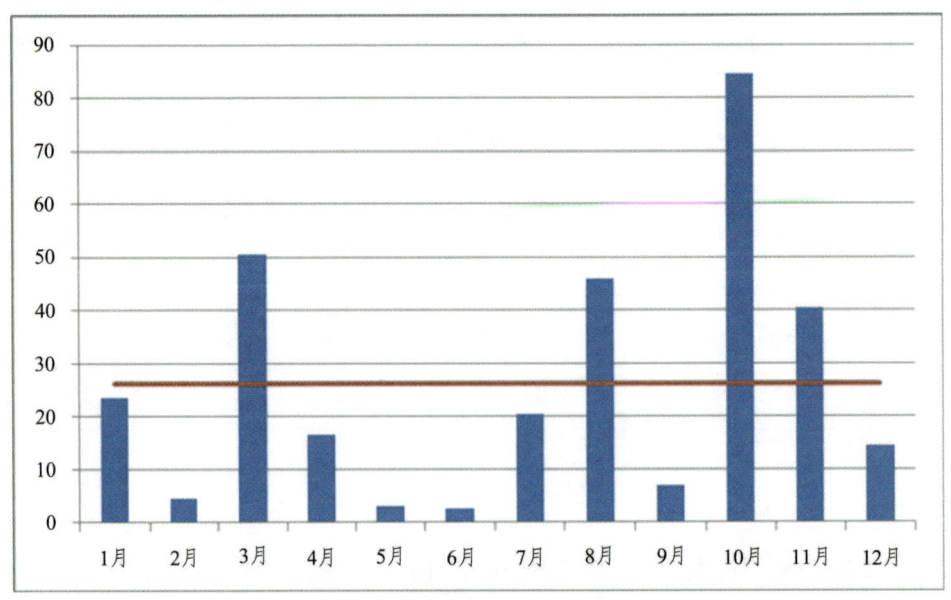

图 4-1 某地铁企业某年度行车指标月度分布图

量化后能更直观地展现列车运行情况，为决策者提供更方便快捷的决策支持。

三、列车延误的社会经济损失评价方法

（一）列车延误与乘客的关系

1. 乘客出行时间

按照乘客出行的阶段，可以将乘客采用轨道交通作为出行方式时的出行时间分成3个部分：乘客从出发地采用接驳交通方式到达轨道交通车站出入口的时间；在轨道交通系统内的时间；从轨道交通出入口通过接驳交通方式到达目的地的时间。

一般情况下，乘客在轨道交通系统中经历的流程为：进站→购票→通过安检→刷卡进入付费区→站台候车→登乘列车→换乘→到达目的地车站→下车→刷卡离开付费区→离开车站。如果乘客持有储值类票卡，那么乘客可以减少购票环节，但会根据具体情况，增加相应的充值环节，具体如图4-2所示。

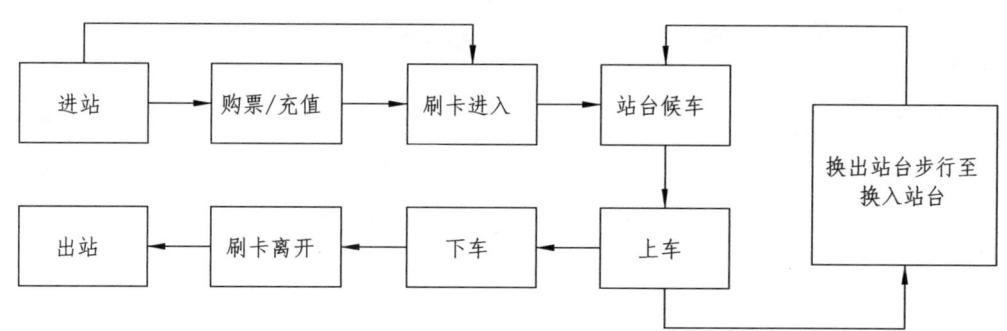

图4-2 一般情况下乘客出行流程图

那么乘客在轨道交通系统的总时间 $T_{出行}$ 为：

$$T_{出行}=T_{进站}+T_{购票}+T_{刷进}+T_{刷出}+T_{出站}+\sum T_{候车}+\sum T_{换乘}+\sum T_{乘车}$$

式中　$T_{进站}$——进站时间，即从某出入口步行至进站闸机的时间；

$T_{购票}$——购票或充值时间，即在售票窗口或自助设备排队、购票/充值操作的时间；

$T_{刷进}$——刷卡进站时间，即在进站闸机排队、刷卡通过的时间；

$T_{刷出}$——刷卡出站时间，即在出站闸机排队、刷卡通过的时间；

$T_{出站}$——出站时间，即从出站闸机步行至某出入口的时间；

$\sum T_{出站}$——候车时间之和，包含首次候车、所有换乘候车；

$\sum T_{出站}$——换乘时间之和，包含所有从换出站台步行至换入站台的时间，

如果乘客出行过程不需换出，那么该项取值为0；

$\sum T_{乘车}$——乘车时间之和，包含所有在列车上的时间。

2. 乘客到达规律

单个出行者耗费一定时间从起始站点到达目的站点，完成个体在轨道交通网络内的空间转移过程。对于整个轨道交通网络系统，不断有乘客进入或离开，不同时刻进入和离开系统的数量并不一致，有些时刻进站人数多，有些时刻出站人数多。进出的站点和选择的线路也不一样，有的站点和线路客流量大，有些则小，多种因素的影响造成轨道交通网络中的客流在时间上呈现动态的变化，影响其动态变化的主要因素是人的生活习惯。

（1）工作日小时客流动态变化规律。

轨道交通网络整体工作日客流变化规律如图4-3所示。

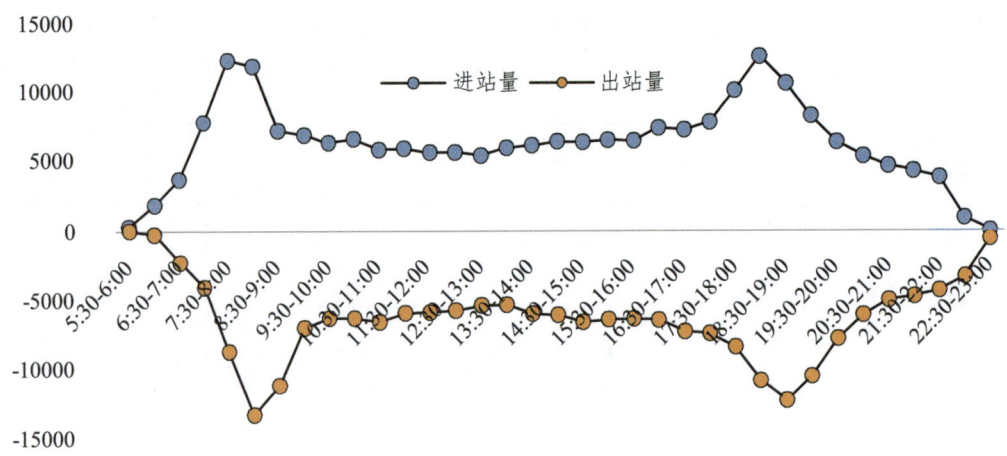

图4-3 工作日进出站量时间分布

早上客流量逐渐增加，在通勤时段达到高峰，然后逐渐回落达到一个相对稳定平衡的状态；在傍晚通勤时刻逐渐增加，达到每日第二个高峰时段，然后逐渐回落，直到晚间结束运营。各站点日小时客流的变化则受到站点所处的位置、周边环境、连接的线路等因素的影响，形成不同时段的出行量高平峰变化状态。根据客流量随时间动态变化的客流日小时分布曲线图，可以将车站分单向峰型、双向峰型、全峰型、突峰型、无峰型5类。

（2）周末客流分布动态变化规律。

现代人的工作日是以周为循环周期的，周一至周五为工作日，周六、周日为法定休息日。一般情况下，周一早上和周五下午的客流量会相对较高，其他工作日比较平稳。周六和周日客流量会因站点所处的位置不同而存在差别，例如处于商业区、大型活动区的站点，周六、日客流量会高于工作日，完全处于居民区的站点客流量则会低于工作日，轨道交通网络整体的周末客流变化规律如图4-4所示。

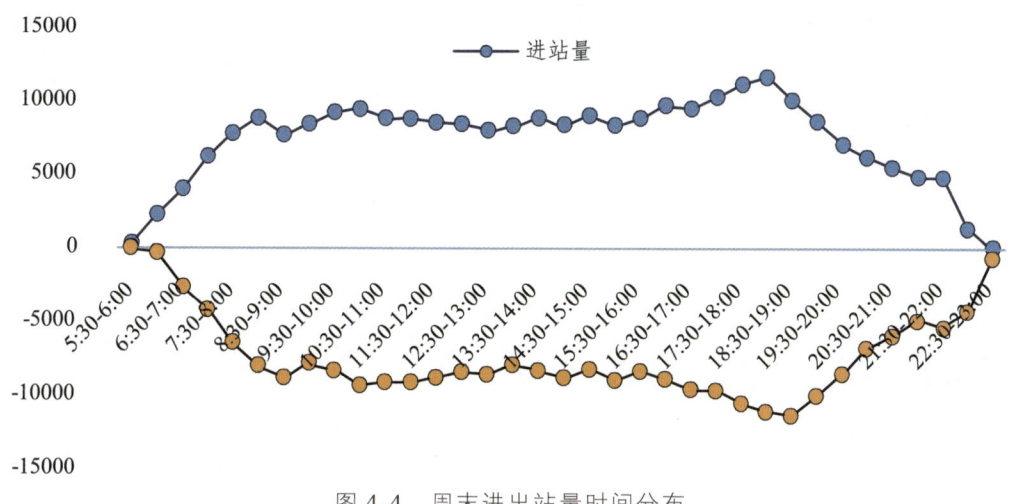

图4-4 周末进出站量时间分布

3. 晚点与乘客的关系

（1）基于乘客个体。

对于乘客个体，按照晚点发生时乘客所处的状态可以将他们分成三类：第一类为晚点发生时已经登乘列车的乘客；第二类为晚点发生时至列车计划到达某站时刻已经在该站站台候车的乘客；第三类为列车计划从某站出发时刻至列车实际到达某站时刻到达该站站台的乘客。

对于上述分类方法，如果列车晚点时间大于一个或多个行车间隔时，则列车计划到达某站以及从该站出发的时刻参考列车运行图中与该列车实际到达该站时刻最近的计划线取值。

针对第一类乘客，晚点的发生直接增加乘客出行时间。通常情况下，各单位会提高作业效率，缩减列车旅行时间，即"赶点"，但通常情况下"赶点"往往达不到预期的目的。当晚点时间较长时乘客无法直接改乘其他交通方式。

针对第二类乘客，晚点的发生会增加乘客的站台候车时间，同时因客流聚集，会增加站台拥挤度，降低服务质量，但乘客可以自由选择改乘其他交通方式。另外，当客流量较大时，会增加乘客无法登乘列车的风险。

针对第三类乘客，客流量相对较小时，晚点现象的发生反而会减少乘客的出行时间。当晚点时间较大时，如果客运组织得当，乘客无需进站就可改乘其他交通方式。如果出现客流量较大的现象，这类乘客可能面临客流控制、增加排队时间、服务质量严重下降等现象。

（2）基于乘客总体考虑。

对于客流量较大的现象出现后的相关内容，后续章节会详细展开分析，本部分暂不考虑客流量较大的情况。

对于乘客总体而言，晚点总影响时间是上述3类乘客所有影响时间之和，即

$$Y_{总} = \sum Y_1 + \sum Y_2 + \sum Y_3$$

从上式可以看出，晚点时间越长、乘客数量越多，晚点总影响时间越长。

（3）早点与乘客的关系。

早点与晚点对应，顾名思义，晚点是列车实际运行线晚于列车计划运行线，即向右偏离；而早点则是列车实际运行线早于列车计划运行线，即向左偏离。

通常情况下，不会发生列车早点的现象，即便发生早点也一般在非常短的时间内，对于乘客的影响非常小。

但不排除末班车早点的现象发生，一旦这种现象发生，将会导致乘客无法乘车的现象出现，产生非常恶劣的影响，因此应严格杜绝末班车早点现象的发生。

（二）列车延误的社会经济损失评价

地铁线路上列车密度较大，一旦某列列车发生事故造成一定时间的延误，必然会影响到后续列车，因此，可假设从事故发生的时刻起，全线交通完全中断，直到延误持续时间 $T_m (T_m = T_1 + T_2)$ 后恢复正常的运营状态。其中：T_1 为线路恢复通车的时间；T_2 为滞留乘客完全疏散所需要的时间。

对于已到达地铁车站的乘客，由于换乘其他交通方式会造成大量的时间损失，且乘客无法预知线路恢复时间，故实际中乘客更倾向于等待。事故影响期间乘客达到率保持原有水平，即乘客不改用其他交通方式。

事故延误可能会导致线路内滞留大量乘客，进而在恢复通车时造成线路的临时满负荷状态出现。线路满负荷时，线路内的乘客数量达到最高值，离开线路的客流也达到最大。假设单位时间到达线路的客流 q 总是小于满负荷下离开线路的客流 Q，即在线路恢复通车后，乘客滞留现象会逐步得到缓解。

客流在线路上的空间分布是不均匀的，当客流密集区域出现乘客滞留时，即可认为线路处于满负荷运营的状态，而其他区域的列车运能则有部分闲置。在考量全线列车载运能力时，应考虑客流在空间上的不均匀分布所造成的折减。由于导致大量乘客滞留的事故通常发生在高峰时段，且地铁每日客流相对稳定，故可假设事故线路临时满负荷的客流分布与该线路高峰时段的客流分布相似，因此由客流分布不均造成的线路运能折减也近似，可取该线路高峰时段满负荷时的全线列车平均满载率作为线路运能的折减系数 β。

当线路恢复通车时，系统内的乘客总数为 N'，由事故发生时系统内原有乘客 N_0 和之后陆续到达的乘客 N_1 组成，即

$$N' = N_0 + N_1 = nR\alpha + qT_1$$

全线列车的载运能力 $N_m = nR\beta$。式中：n 为线路上的列车数，单位为列；R 为列车定员数，单位为人/列；α 为当前线路内列车平均满载率；q 为该时段内单位时间进入该线车站的客流，单位为人次/h；T_1 为恢复通车时间，单位为 h；β 为运能折减系数。

线路恢复通车时，若系统内乘客数量不多（$N' \leq N_m$），乘客均能正常乘车，则可认为该次事故造成的延误影响结束；若系统内乘客数量较多（$N' > N_m$），致使恢复通车后仍有部分乘客滞留站台，则认为该次事故造成的延误影响仍在继续。据此，建立两个延误模型：延误模型一（恢复通车后延误影响结束）和延误模型二（恢复通车后延误影响持续）。

线路恢复通车时，若 $N' \leq N_m$，则在站台等候的乘客可以自由乘坐到达列车，滞留乘客疏散时间 $T_2 = 0$，后续到达乘客不再受到影响，该次事故对乘客的延误影响结束。延误持续时间为 $T_m = T_1 + T_2 = T_1$。

受到延误的乘客包括事发时系统内原有乘客和延误持续时间内到达的乘客，即：$N = N_0 + qT_m = nR\alpha + qT_1$。

事故造成的乘客延误总时间 T_y 由原有乘客延误和延误持续时间内到达乘客延误两部分组成，即：$T_y = qT_1^2 + nR\alpha T_1$。

线路恢复通车时，若 $N' > N_m$，则此时线路进入临时满负荷运行状态，且会有部分乘客（数量为 $N' - N_m$）滞留站台，后续到达乘客也将受到延误影响，事故的延误持续时间范围为线路受阻起至站台不出现乘客滞留为止。

在乘客疏散阶段，线路处于动态饱和状态，乘客得到运输服务的速率等同于乘客离开线路的速率，全线内滞留乘客数量将以 $Q - q$ 的速率减少。

滞留乘客疏散时间 $T_2 = \dfrac{N' - N_m}{Q - q} = \dfrac{qT_1 + nR\alpha - nR\beta}{Q - q}$

延误持续时间 $T_m = T_1 + T_2 = \dfrac{QT_1 + nR\alpha - nR\beta}{Q - q}$

受到延误的乘客包括事发时系统内原有乘客和延误持续时间内到达的乘客，即

$$N = N_0 + qT_m = \dfrac{nR\alpha Q + qQT_1 - nRq\beta}{Q - q}$$

事故造成的乘客延误总时间由原有乘客延误和延误持续时间内到达乘客延误两

部分组成，即 $T_y = \dfrac{(QT_1 + nR\alpha - nR\beta)(nR\alpha Q + qQT_1 - NRQ\beta)}{(Q-q)^2}$

地铁事故延误的社会损失主要体现为由于乘客在途时间增加所造成的出行者时间价值损失，个体的时间价值可由其劳动力价值体现。延误损失计算模型为：$X = h \times T_y / 10\,000$。其中：$X$ 为地铁事故社会延误经济损失，单位为万元；h 为人均劳动力价值，单位为元/（人·h）；T_y 为乘客延误总时间，单位为 h。

某地铁某线 2012 年的年度事故统计中，造成列车延误的事故有 10 起，其中 2 起发生在高峰时段，各事故的最大晚点时间均在 15～30 min。年度延误事故统计及社会延误经济损失估算结果如表 4-8 所示。

表 4-8 年度延误事故统计及社会延误经济损失估算

序 号	时段	最大晚点 /min	延误时间 /h	经济损失 /万元
1	低峰	26	9 534.6	21
2	低峰	27	1 0084.7	22.2
3	高峰	28	37 459.6	82.4
4	低峰	23	7 965.9	17.5
5	高峰	21	22 214.1	48.9
6	低峰	22	7 470.1	16.4
7	低峰	25	8 998.1	19.8
8	低峰	20	6 519.3	14.3
9	低峰	26	9 534.6	21
10	低峰	20	6 519.3	14.3
合 计		126	300.4	277.9

由表 4-8 可知，2 号线 2012 年的 10 起事故共造成乘客延误 12.6 万小时，延误经济损失为 277.9 万元。虽然延误持续时间相同，但高峰时段的事故延误经济损失比低峰时段的大得多，通常为 3～4 倍；高峰时段发生的事故虽然只有两起，但其延误经济损失为 131.3 万元，占总延误损失的近半数。

另外，在遇到重大事故，造成线路停运、车站封站或主动疏散乘客的情况出现时，乘客的延误会受到疏散组织和地面交通等因素的影响，该方法不再适用。

四、小 结

本节列举了三种不同的影响评价方法：方法一主要针对影响较大且后果较严重的构成事故等级的事故风险水平；方法二是运营指标体系的一个缩影，即行车指标的量化,将离散的变量统一,将不同的指标归一化处理;方法三是从乘客的角度利用经济学的概念将晚点影响换算成经济损失。

第二节 既有评价方法不足及案例对比分析

一、既有评价方法的不足之处

一般情况下,行车影响会用行车指标来刻画与评价,常见的行车指标是晚点。但是,从一定程度上讲,行车指标又不能将行车影响刻画得清晰。首先看如下案例。

(一)ATO 模式无法动车

1. 案例一

3月25日13时12分11607次(0110车)在车站25下行线站台作业完毕后列车 ATO 模式无法动车,无故障信息显示。13时13分11607次 ATP/IATP/RM 模式均无法动车,以 NRM 模式限速60 km/h 运行。13时17分11607次在车站26下行线站台作业完毕后故障仍存在,继续以 NRM 模式运行。13时24分11607次以 NRM 模式运行至车站27折返线Ⅰ道,换端后列车恢复正常模式运行。14时05分备用车(0101车)上线。14时09分11608次(0110车)在车站8上行线站台作业完毕后,运行至转换轨Ⅱ道转备用。

故障导致11607次终到晚点270 s。

2. 案例二

4月13日14时29分10311次(0125车)在车站20下行线 ATO 模式无法动车,降级至 RM 模式列车仍无法动车。14时33分重启 CC 后切除 ATP 以 NRM 模式限速60 km/h 运行。14时36分10311次在车站21下行线重启 CC 成功,站台作业完毕后恢复正常模式运行。14时48分备用车0106车开行10312次,10311次在车站27下行线站台作业完毕后经入段线回段。

故障导致10311次(0125车)终到晚点285 s。

3. 案例三

4月3日13时35分10709次(0110车)在车站25下行线 ATO 模式无法动车,

降级至 RM 模式列车仍无法动车。13 时 37 分重启 CC 后切除 ATP 以 NRM 模式动车。13 时 41 分 10709 次司机重启 CC 完毕，列车以 NRM 模式限速 60 km/ 运行。13 时 44 分 10709 次在车站 26 下行线重启 CC 成功，列车恢复 ATO 模式运行。

故障导致 10709 次（0110 车）、10809 次（0125 车）终到分别晚点 477 s、339 s。

4. 案例四

5 月 30 日 13 时 22 分 11506 次（0112 车）在车站 16 上行线站台作业完毕后 ATO 模式无法动车，降级至 RM 模式仍无法动车。13 时 24 分 11506 次车站 16 上行线重启 CC，13 时 27 分重启 CC 完毕以 NRM 模式动车。13 时 32 分 11506 次（0112 车）车站 15 上行线恢复 ATO 模式。

故障导致 11506 次（0112 车）终到晚点 344 s，10210 次（0125 车）终到晚点 187 s。

如果利用行车指标衡量四个案例的严重程度，则顺序为：

（案例一）=（案例二）<（案例四）<（案例三）

如果考虑具体的晚点秒数，那么有：

（案例一）<（案例二）<（案例四）<（案例三）

如果考虑事件发生的地点，案例四发生在线路的中部，距离终点站 8 个区间；案例三发生线路的尾部，距离终点站两个区间排列顺序又会有所不同。因此综合进行考虑来看，单纯地用晚点大小是无法比较两个案例的。

（二）计轴红光带

某地铁车站 27 联锁区在 2014 年至 2015 年的两年间共计发生红光带故障 4 起，分别如下。

故障一：2014 年 4 月 23 日 01 时 45 分车站 27 道岔区段计轴红光带。

故障二：2014 年 4 月 24 日 13 时 35 分车站 26 下行线—车站 27 下行线—入段线转换轨Ⅲ道计轴区段红光带。

故障三：2015 年 4 月 29 日 14 时 07 分车站 27 折返线Ⅱ道计轴显示红光带。

故障四：2015 年 10 月 20 日 18 时 15 分车站 27 下行线及下行出站计轴区段红光带，W5912 道岔处于反位。

将处置方式、行车调整方式、恢复时间、换算指标大小进行对比，结果如表 4-9 所示。

表 4-9 对比表

	处置方式	调整方式	恢复时间	换算指标
故障一	重启计轴主机		46 min	0
故障二	更换计轴机柜板卡	车站 25 小交路	51 min	24
故障三	复位计轴	扣车	603 min	6
故障四	复位计轴	车站 25 小交路	703 min	59

利用换算后的指标衡量上面四个故障的严重程度，则排序为：

（故障一）<（故障三）<（故障二）<（故障四）

从恢复行车时间长短来衡量严重程度，则排序为：

（故障一）<（故障二）<（故障三）<（故障四）

但是从故障发生的时间点来看，故障一发生在非运营时间，所以对运营产生的影响比较小，恢复的时间比较快。故障二、故障三和故障四均发生在运营时间，针对不同的故障原因，采用的处置方式不同，所以恢复行车的时间以及产生的指标也有所差别。综合考虑，单纯地用换算指标的大小以及恢复行车时间的长短无法精确地对故障处置优劣进行对比。

第三节 行车秩序紊乱度

一、行车秩序紊乱度定义

在城市轨道交通系统中，由于系统是一个多设备、多专业结合在一起的复杂系统，系统内部的设备故障或者外部环境的干扰，都可能对行车的正常秩序造成影响，导致系统的行车秩序发生紊乱。行车秩序紊乱是指受设备故障、人为失误、外部环境等因素影响，造成的列车实际运行与列车计划运行偏离，即列车实际运行线与列车计划运行线偏离的现象。行车秩序紊乱的现象在列车运行图上很容易体现出来，如图 4-5 所示。为了将这种紊乱的程度通过一种量化的方法来衡量，提出了行车秩序紊乱度。

行车秩序紊乱度就是用以刻画行车秩序紊乱程度的指标，它表示在行车秩序紊乱时段内，所有列车实际运行线在各车站偏离其列车计划运行线的时间总和，单位为分钟（min）。

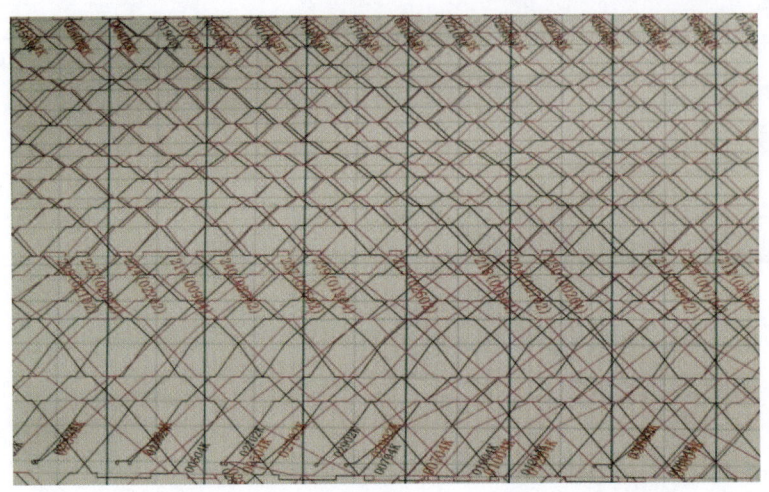

图 4-5 某地铁行车秩序紊乱情况下的列车实际运行图

如果某区段只有某次列车的实际运行线,而没有该列车的计划运行线,那么因为该列车而产生的行车调整不计入行车秩序紊乱度,即该列车前后各次列车因提前或推迟发车造成的影响不予统计。

如果某区段只有某次列车的计划运行线,而没有该列车的实际运行线,那么该列车的实际运行线与计划运行线的偏离时间等于该列车与后续临近列车的行车间隔。

如果某区段某次列车的计划运行线与实际运行线的偏差大于其与后续临近列车的行车间隔时,其后续列车的计划运行线与实际运行线的偏差值应扣除行车间隔。

二、数学描述

某地铁线路,共有车站 I 座,车站用 i 表示,$i=1,2,\cdots,I$;车站序号自小而大的方向为下行,反之为上行;根据计划安排,全天计划开行载客列车 K 列次,各次列车除按照规则用车次表示外,还用序号 k 表示,$k=1,2,\cdots K$,且上下行列车分开排序。另外一般情况下,上下行开行列次是相等的。列车 k 在车站 i 的计划到达时间用 $D_{k,i}$ 表示,计划发车时间用 $F_{k,i}$ 表示,实际到达时间用 $D'_{k,i}$ 表示,实际发车时间用 $F'_{k,i}$ 表示。

一般情况下,每列车在给定的区间或给定的车站,其区间运行时间、站台作业时间是恒定的。若 $t_{i,i+1}$ 表示列车在区间 $(i,i+1)$ 的运行时间、t_i 表示列车在车站 i 的停站时间,则存在如下关系:

$$F_{k,i} = D_{k,i} + t_i$$

$$D_{k,i+1} = F_{k,i} + t_{i,i+1} = D_{k,i} + t_i + t_{i,i+1}$$

对于某一列车而言，我们可以得到 4 个列向量：

$$\boldsymbol{D}_k = |D_{k,1}, D_{k,2}, \cdots, D_{k,i}, \cdots, D_{k,I}|^{\mathrm{T}}$$

$$\boldsymbol{F}_k = |F_{k,1}, F_{k,2}, \cdots, F_{k,i}, \cdots, F_{k,I}|^{\mathrm{T}}$$

$$\boldsymbol{D}'_k = |D'_{k,1}, D'_{k,2}, \cdots, D'_{k,i}, \cdots, D'_{k,I}|^{\mathrm{T}}$$

$$\boldsymbol{F}'_k = |F'_{k,1}, F'_{k,2}, \cdots, F'_{k,i}, \cdots, F'_{k,I}|^{\mathrm{T}}$$

根据定义，对于列车 k 而言，其计划运行线与实际运行线的偏离程度可以用 $\sum|\boldsymbol{D}'_k - \boldsymbol{D}_k|$ 或 $\sum|\boldsymbol{F}'_k - \boldsymbol{F}_k|$ 表示。由于列车到达某站的时间影响到达该站的乘客的出行时间，而因出发延误致使乘客出现的时间延误的损失可以计算在其到达车站到达时间的偏离损失内，因此选取 $\sum|\boldsymbol{D}'_k - \boldsymbol{D}_k|$ 作为其偏离程度的表示。

因此行车秩序紊乱度 W 可以表示为：

$$W = \sum_k \sum_i |\boldsymbol{D}'_{k,i} - \boldsymbol{D}_{k,i}|$$

一般情况下，只需计算故障发生时对应列车及其临近列车的行车秩序紊乱度即可，也可根据需要计算全天的。

行车秩序紊乱度 W 的计算过程已经考虑了列车运行图缓冲时间，故不必再单独考虑列车运行图缓冲时间。

列车计划到站时间和实际到站时间可以通过在查询 ATS 数据后批量导出，编制简单的小程序，开发标准化的接口，就可以很快捷地计算行车秩序紊乱度。同时可以根据车站的不同设定不同的权重，比如根据客流的大小设定车站等级或者换乘站与否等等。

后文将会把行车秩序紊乱度与应急案例相结合，对案例进行处置对比分析。

第五章 行车调整模型

目前，随着城市轨道交通在城市交通系统中承担的运输责任日益加重，轨道线网规模迅速扩大，行车组织的关键技术不断得到发展和突破，使得列车运行间隔时间逐渐缩短，行车密度加大，这对列车运行调整技术提出了更高的要求。本章针对运营中可能出现的紧急情况，归类明确合理的调整方式及调整时机，且各种行车调整方式都不是孤立存在的，调度人员可在突发状况下有据可依地做出反应，最大限度地满足运营需求。本章的最后会结合行车调整的实际案例对比分析其优劣方案，并基于层次分析法对行车组织进行方案比选，构建完整的决策模型。

第一节 概　述

一、行车调整目的

地铁运营是一个动态的、变化的过程，运营中的各种情况都具有随机性、复杂性。客流的增减、列车的晚点、运营秩序的紊乱、突发事件及设备故障等的影响，都要求行车调度在日常的运营组织工作中根据情况的变化，及时合理地采取调整措施，使列车尽可能地按运行图行车。

应急情况下的行车调度指挥工作，是对全局性的行车组织进行安全、科学、灵活的调整，最大限度地发挥地铁设备、设施的潜能，维持一定限度内的地铁降级运输能力，把突发事件对运营的影响降到最低。

二、行车调整基本原则

在地铁行车组织中，行车调整的基本原则是：安全、快速、全面、服务。

（一）安 全

安全是运营企业生存与发展的生命线。任何情况下的运营调整都必须把安全工作放在首位，确保行车安全、设备安全及乘客生命财产的安全。

（二）快 速

在行车调整时，要做到反应快、报告快、处置快，把握事发初期的关键时间，将影响控制在最小范围内。

（三）全 面

在运营调整时，行车调度要有全局观，不能只关注突发事件及设备故障，而忽略了其他因素和影响。

（四）服 务

运营是服务的基础，运营调整必须要考虑对服务及乘客的影响，并将相关信息告知乘客，最大限度地减少损失、降低影响。

三、常用行车调整的方法

地铁运营组织中，行车调度应严格按照列车运行图指挥行车。当列车不能按图行车需要进行调整时，必须考虑列车运行的安全以及对服务的影响，做到兼顾恢复正点运营和行车安全。常用的行车调整方式主要有以下几种。

1. 列车停运、下线

对有故障并影响服务的列车，要组织停运或下线，使该列车退出服务。该方式主要在始发站、终点站使用。对中途运行的列车也可组织进入中间站存车线或回车厂检修。此种调整方式在列车运行图上的表示即为"抽线"，就是实际运行图的列车运行线条数量比计划运行图少。

2. 列车加开、替开

由于客流的增加或故障列车下线的影响，可以组织加开列车，一般使用备用车或出厂列车。对在终点站退出服务的列车，可以使用备用列车替开，仍按原交路运行。加开、替开的目的是为了保证列车服务的数量，即运能满足运量。

3. 列车在车站扣车及区间临时停车

当前方列车或车站设备发生故障时，要对后续列车进行扣车或区间临时停车的处理。扣车是将列车扣停在后方车站，基本原则是"谁扣谁放"。在区间临时停车是通知司机将列车临时停在区间，司机必须做好乘客的安抚工作。扣车及临时停车是行车调整的重要手段之一，目的是保证前方列车或车站有充分的时间处理故障。

4. 列车减速运行并增加停站时间

为了保证故障列车或车站有充分的处理时间，使行车间隔均匀，应该对相关列车进行限速并增加停站时间，控制运营节奏。

5. 列车越站通过或加速运行

为了使晚点列车正点终到，可以要求司机加速运行，也可以组织列车不停站通过，即越站（也称跳停）。采取越站方式时，必须充分考虑对乘客的影响，相关车站及司机必须做好服务工作。原则上客流较大车站及首末班车不安排跳停，还要避免出现一列车连续越站及多列车在同一车站连续越站的情况。列车上客流拥挤或前方站出现意外情况时，也可以采用此方式。如"十运会"开幕当天，南京地铁为及时疏散奥体中心的大客流，就对客流量很小的元通、中胜车站采取了越站方式，取得了较好的效果。

6. 列车救援

列车在运行中发生故障，运行速度极其缓慢或停滞，势必会造成线路堵塞，给全线列车的正常运行带来严重影响。此时可根据情况，在前方或后方列车进行清客后开展救援，将故障列车送至存车线或回车厂进行检修。对于因供电系统故障造成的救援，应当使用内燃工程列车。

7. 列车反向运行

当出现运营线路中断或列车严重堵塞时，可组织某一时段的部分列车经相关辅助线转到另一线路上反方向运行至终点站（或反方向运行一小段后再返回正方向运行至终点站），以缩小列车间隔，均衡各列车的运行。

8. 列车小交路运行

当某一线路造成拥堵时，由于列车无法及时在终点站折返，势必会引起另一线路的运用列车数量减少，甚至在相当长的时间内某些车站及区段无列车通过，造成滞留车站的乘客人数增加。为了减少这种影响，最有效的一种方法就是组织列车小交路运行，即组织拥堵线路的列车在中间站清客后，经渡线折返到另一线路运行。在客流量较大而运用列车数目不足时，也可以采用此方式。

9. 列车单线双向运行

单线双向运行，也称"拉风箱"，就是在一条固定进路同一时间内只有一列车往返运行。当一条线路上某个区段堵塞时，可以在另一线路上的相同区段采用此种行车方式，但是两端车站必须控制好列车进路，否则会引起列车冲突。另外，如果两端车站距离过长，则该区段内乘客的等待时间会增加。

10. 列车站前折返

列车在终点站折返时，通常采用站后折返的方式。此种方式下的车站接发车采用的是平行作业，不存在进路交叉，有利于确保行车安全，同时也避免了上、下车客流汇合，但折返时间较长。为了缩短折返时间，可以采用站前折返的方式。此种方式有利于缩短列车走行距离，但列车折返会占用区间线路，影响后续列车闭塞，同时会导致上、下车客流汇合，需要车站及司机做好乘客的引导工作。

11. 始发站提前或推迟发车

始发站的存车线数目相对较多，调整余地较大，因此，在始发站组织提前或延迟发车，可以有效地调整运行间隔。

12. 加速车站作业，压缩停站时间

发生晚点需要列车赶点时，可以要求车站做好客流组织工作，加速车站作业，也可以通过人工取消"运营停车点"、通知司机提前发车等方式压缩停站时间。

13. 在始发站更改车次

当列车终到晚点太多时，可以折返后将原车次抽线，更改为后续列车的车次。这种行车调整方式的目的是使实际运行图与计划运行图更接近。

14. 公交接驳

当地铁某段线路因故停运时，可以启动公交接驳应急预案，将乘客从一个地铁车站通过地面交通工具运送到另一个地铁车站，这需要地方客运管理部门的积极协调。

第二节 扣 车

一、定 义

当前方列车或车站发生突发事件、故障、事故，不能在短时间内进行处理时，行调须对后续列车进行扣车。扣车是将列车扣停在本站或后方车站，扣停列车原则上要求"谁扣谁放"（ATS故障的情况下，行调可授权车站进行取消）。

二、使用时机

1. 接触网等设备发生故障时

2007年11月14日9时，南京地铁1号线安德门站—三山街站上行线接触网跳闸失电，调度人员及时将故障区域内的列车扣停在中华门站台并通知列车降弓，并将后续列车扣停在后方车站，防止列车驶入无电区。

2. 列车在车站出现突发情况时

2015年10月24日，某地铁2号线车站，一名中年男乘客在车厢突发心脏病，调度人员将列车扣停在车站等候120救护车，导致全线延误约30 min。

3. 前/后方列车故障，需均衡行车间隔时

2016年4月14日，某地铁X线0108车运行过程中在途径多个车站时车门无法打开，为调整行车间隔，调度人员分别对故障列车前方和后方列车进行了适度扣车。

4. 列车早点时

列车在运行过程中如果比照时刻表早点较多，为了调整行车间隔，行调一般也会采用扣车的方式组织列车在前方站适当多停。

三、模型建立

若列车迫停区间，乘客可能会因为恐慌解锁车门，大大增加了列车运行的安全隐患，出于安全考虑，建立扣车模型的前提是不考虑载客列车在区间停车，即前方站台列车出清前，不能组织后方列车进入区间。

设正线共有 N 个车站，列车在区间 $(i,i+1)$ 的运行时间为 $t_{i,i+1}$ $(i=1,2,\cdots,N)$，列车在车站 i 的停站时间为 t_i，列车发车间隔为 T。

（一）扣车时机

（1）若列车在车站 i 发生故障，预计延误时间为 $t_\text{延}$，由图5-1可知，当列车在车站 i 发生故障，若 $t_\text{延} \geq T - t_{i-1,i}$，就必须对后续列车进行扣车，否则可能会导致后续列车迫停区间。

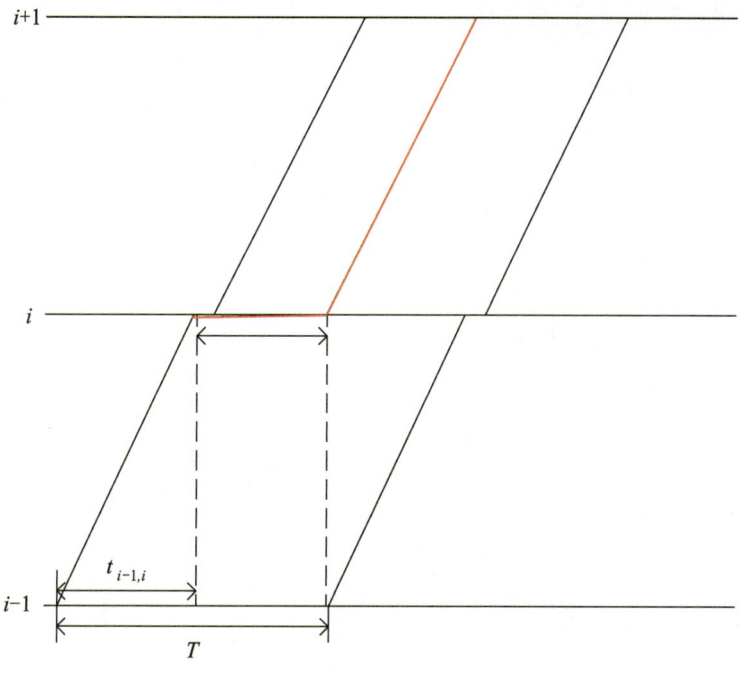

图 5-1 列车在车站 i 发生故障

（2）若列车在区间 $(i,i+1)$ 发生故障，预计延误时间为 $t_{延}$。

由图 5-2 可知，当列车在区间 $(i,i+1)$ 发生故障，若 $t_{延} \geqslant T - t_{i,i+1}$，就必须对后续列车进行扣车，否则可能会导致后续列车迫停区间。

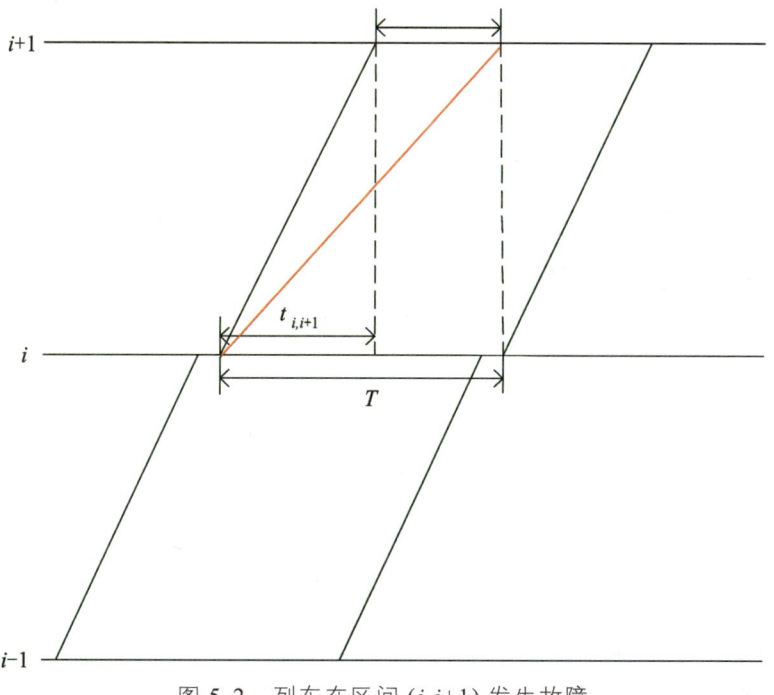

图 5-2 列车在区间 $(i,i+1)$ 发生故障

（二）需要多少个车站设置扣车

（1）若列车在车站 i 发生故障，预计延误时间为 $t_{延}$，假设需要 M 个车站设置扣车。

最多需要扣：$M_{\max} = \dfrac{t_{延}}{T - \max\{t_{1,2}, t_{2,3}, \cdots, t_{i-2,i-1}\}}$

最少需要扣：$M_{\min} = \dfrac{t_{延}}{T - \min\{t_{1,2}, t_{2,3}, \cdots, t_{i-2,i-1}\}}$

（2）若列车在区间 $(i, i+1)$ 发生故障，预计延误时间为 $t_{延}$，假设需要 M 个车站设置扣车。

最多需要扣：$M_{\max} = \dfrac{t_{延}}{T - \max\{t_{1,2}, t_{2,3}, \cdots, t_{i-2,i-1}, t_{i-1,i}\}}$

最少需要扣：$M_{\min} = \dfrac{t_{延}}{T - \min\{t_{1,2}, t_{2,3}, \cdots, t_{i-2,i-1}, t_{i-1,i}\}}$

（三）故障后方每个车站需扣车多久

（1）若列车在车站 i 发生故障，预计延误时间为 $t_{延}$，则：

故障列车后方第 1 个车站需要扣：$t_{扣}^{1} = t_{延} - (T - t_{i-1,i})$

故障列车后方第 2 个车站需要扣：$t_{扣}^{2} = t_{延} - (T - t_{i-1,i}) - (T - t_{i-2,i-1})$

故障列车后方第 3 个车站需要扣：$t_{扣}^{3} = t_{延} - (T - t_{i-1,i}) - (T - t_{i-2,i-1}) - (T - t_{i-3,i-2})$

……

故障列车后方第 M 个车站需要扣：$t_{扣}^{M} = t_{延} - \sum\limits_{m=1}^{M}(T - t_{i-m, i-m+1})$

（2）若列车在区间 $(i, i+1)$ 发生故障，预计延误时间为 $t_{延}$，则：

故障列车后方第 1 个车站需要扣：$t_{扣}^{1} = t_{延} - (T - t_{i,i+1})$

故障列车后方第 2 个车站需要扣：$t_{扣}^{2} = t_{延} - (T - t_{i,i+1}) - (T - t_{i-1,i})$

故障列车后方第 3 个车站需要扣：$t_{扣}^{3} = t_{延} - (T - t_{i,i+1}) - (T - t_{i-1,i}) - (T - t_{i-2,i-1})$

……

故障列车后方第 M 个车站需要扣：$t_{扣}^{M} = t_{延} - \sum\limits_{m=1}^{M}(T - t_{i-m+1, i-m+2})$

四、小　结

扣车一般在列车发生长时间延误的时候使用，通知一列或多列车在车站增加停站时间，延迟发车时刻，以均衡列车间的行车间隔。扣车能缩短部分乘客在扣车车站的候车时间，提高车站的服务水平，但同时会增加被扣列车上乘客的旅行时间，因此扣车的实施需要根据车站的客流量和前后列车的行车间隔来确定，总的原则是使列车在车站的到发尽量均衡，避免大间隔的出现。

第三节　限　速

对不能及时扣停的列车，通知列车司机限速运行，尽量避免列车在区间停车。一旦出现列车在区间临时停车的情况时，须及时告知司机停车原因并提醒司机做好乘客的安抚工作。

一、定　义

限速即限制速度，通常指最高限速，是对一定距离的区段规定一定数值范围内的行车速度。

二、使用时机

1. 信号、屏蔽门、道岔等设施设备故障时

2016年5月10日，因信号设备故障，上海地铁8号线沈杜公路站—东方体育中心站区段列车限速运行。

2. 列车故障时

2015年12月7日，因车辆故障，上海地铁2号线淞虹路站往人民广场站方向列车限速运行。

3. 受暴雨、大雾等恶劣天气影响时

2016年1月9日，受大雾天气影响，武汉地铁4号线永安堂站—黄金口站区间列车限速运行。

4. 异物侵限时

2017年4月10日，上海地铁1号线因接触网缠绕异物影响列车运行，行调组织呼兰路站—富锦路站区段列车限速运行，后又组织通河新村站—富锦路站区段列车限速运行。

5. 线路异常时

2010年11月7日，因附近单位锅炉爆炸，导致上海地铁9号线桥墩不同程

度受损,经紧急抢修和临时加固,调度人员组织九亭站—松江新城站区段列车以 10 km/h 速度限速运行,逐步恢复运营。

三、模型建立

设区间长度为 $L_{i,i+1}$,如图 5-3 所示,假设列车在区间以恒定的速度 V 运行,当列车限速 $V_{限}$ 时:

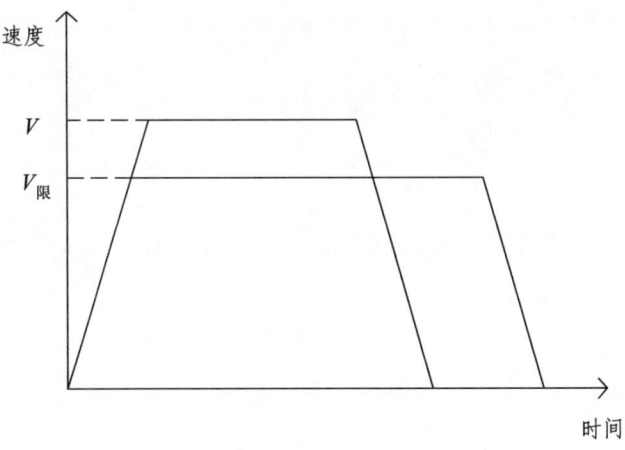

图 5-3 限速前后对比图

列车加速至 $V_{限}$ 所需时间 $t'_{加}$ 为

$$t'_{加} = \frac{V_{限}}{a_2}$$

列车加速至 $V_{限}$ 的运行距离 L'_2 为

$$L'_2 = \frac{V_{限}^2}{2a_2}$$

列车减速至 0 所需时间 $t'_{减}$ 为

$$t'_{减} = \frac{-V_{限}}{a_1}$$

列车从速度 $V_{限}$ 减速至 0 的运行距离 L'_1 为

$$L'_1 = \frac{-V_{限}^2}{2a_1}$$

则列车在区间以恒定速度 $V_{限}$ 运行的距离为 $L_{i,i+1} - L'_1 - L'_2$,运行时间为

$$\frac{L_{i,i+1} - L_1' - L_2'}{V_{限}}$$

当列车限速 $V_{限}$ 时，在区间 $(i, i+1)$ 的运行时间 $t'_{i,i+1}$ 为

$$t'_{i,i+1} = t'_{飘} + \frac{L_{i,i+1} - L_1' - L_2'}{V_{限}} + t'$$

综上，当列车以限速 $V_{限}$ 运行时，会增加列车的运行周期，其增加幅度为 $\sum_{i=1}^{I-1}(t'_{i,i+1} - t_{i,i+1})$，若保持上线列车数不变，则会增大列车的行车间隔。

四、小 结

限速多适用于恶劣天气、设备故障等情况下使用，主要是出于安全或者避免造成局部列车密度过大的考虑。限速可以减少故障附近的列车通行压力，但是会增加乘客的出行时间，给乘客造成极大的不便。

第四节 放空追线

一、定 义

放空追线是指列车不载客、不停站运行，待运行至原计划线时间要求时，就近站投入客运服务。

二、使用时机

（一）疏导前方车站大客流

2016年7月28日，某地铁X线车站21—车站20上行区间12302次（0121车）因故启动救援程序，后续11014次（0119车）担任救援车将故障列车推进至车站14存车线停稳后，退行至车站14上行线停稳，不停站运行至车站11上行投入服务。

（二）列车出现较大延误时

2014年2月13日，某地铁X线11109次（0107车）ATB模式折返失败，经过处理列车折返至车站27上行线后恢复正常，调度人员组织列车以ATP模式不停

站运行至车站 23 上行投入载客服务。

三、模型建立

假设列车在始发站发车产生延误,预计延误时间为 $t_{延}$,后续采用放空追线的方式调整行车间隔。

列车不停站通过 i 站运行节省时间如图 5-4 所示,列车以速度 V_0 不停站通过车站 i,设列车节省时间为 $t_{节}$,则

$$t_{节} = t_{减} + t_i + t_{加} - t_{通}$$

其中　　$t_{减}$ —— 列车从速度 V_0 减速至列车停稳所需时间;

t_i —— 列车在车站 i 的停站时间;

$t_{加}$ —— 列车从起动加速至速度 V_0 所需的时间;

$t_{通}$ —— 列车以速度 V_0 不停站通过 i 站所需的时间。

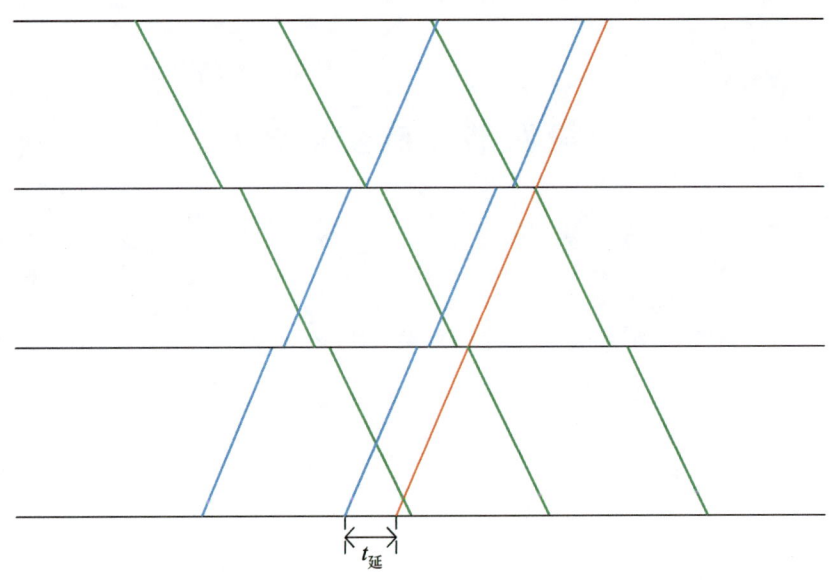

图 5-4　放空追线示意图

设列车运行减速度和加速度分别为 a_1、a_2,则列车减速和加速运行的距离分别为:

$$L_1 = \frac{-V_0^2}{2a_1}$$

$$L_2 = \frac{V_0^2}{2a_2}$$

则：$t_{通} = \dfrac{L_1 + L_2}{V_0}$

综上，需要放空个数为：$N_{越} = \dfrac{t_{延}}{t_{节}}$。

四、小　结

放空追线一般在当列车到达终点站出现较大延误时使用，可组织该列车在折返作业后不上客，直接空车不停站运行，待运行至原计划线时间要求时，在就近站停站并重新投入客运服务，从而实现按图行车。

第五节　备用车上线

出现大客流或故障列车下线时，通常情况下可以组织加开图外载客列车或空车。

一、定　义

备用车上线是指因行车调整需要，组织停车场/车辆段备用车上线投入载客服务。

二、使用时机

（一）列车严重延误时

2016年9月4日，某地铁X线11504次（0114车）在车站18上行线出站过程中3C车7#车门被乘客解锁导致列车迫停，故障处理导致该车终到车站8时晚点518 s，后调度人员及时组织停车场备用车0109车开行11505次于车站8下行线投入服务。

（二）列车故障需下线时

2017年4月7日，某地铁X线11304次（0116车）在车站18上行线HMI显示6A车1个辅助逆变器红点及1个辅助逆变器白点，调度人员组织停车场备用车0105车运行至车站1上行线开行11305次，并组织0116车不停站运行至车站7下行线经II号出场线回厂。

（三）大客流运力不足时

2017年5月30日，因某地铁X线客流较大，调度人员分别组织停车场/车辆段备车运行至车站8下行线/车站27上行线投入载客服务，缓解客流。

三、数学描述

1. 考虑前后各——列车

如图 5-5 所示,若组织备用车上线,考虑前后各——列车时,列车发车间隔变为 $\dfrac{T}{2}$。

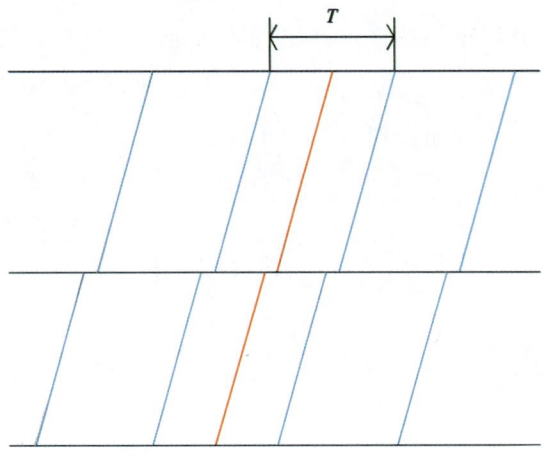

图 5-5 考虑前后各一列车

2. 考虑前后各两列车

如图 5-6 所示,若组织备用车上线,考虑前后各两列车时,列车发车间隔变为 $\dfrac{3T}{4}$,此时需组织列车 4 比照时刻表早发 $\dfrac{T}{4}$,列车 6 比照时刻表晚发 $\dfrac{T}{4}$。

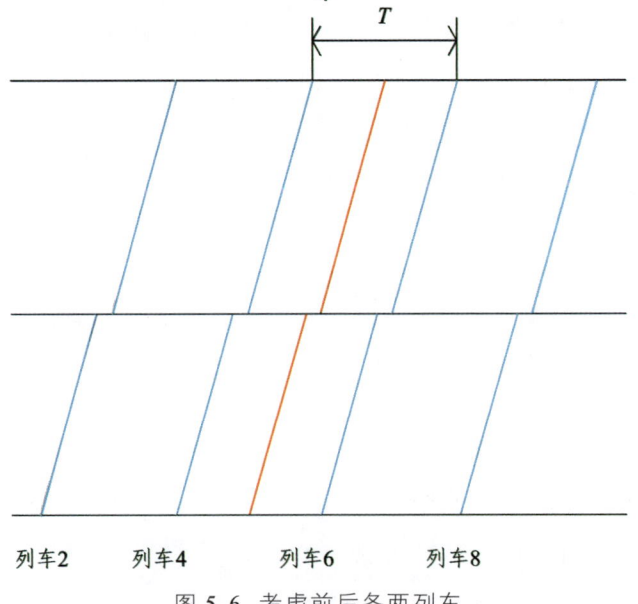

图 5-6 考虑前后各两列车

3. 考虑前后各三列车

如图 5-7 所示，若组织备用车上线，考虑前后各三列车时，列车发车间隔变为 $\frac{5T}{6}$，此时需组织列车 4 比照时刻表早发 $\frac{T}{6}$，列车 6 比照时刻表早发 $\frac{T}{3}$，列车 8 比照时刻表晚发 $\frac{T}{3}$，列车 10 比照时刻表晚发 $\frac{T}{6}$。

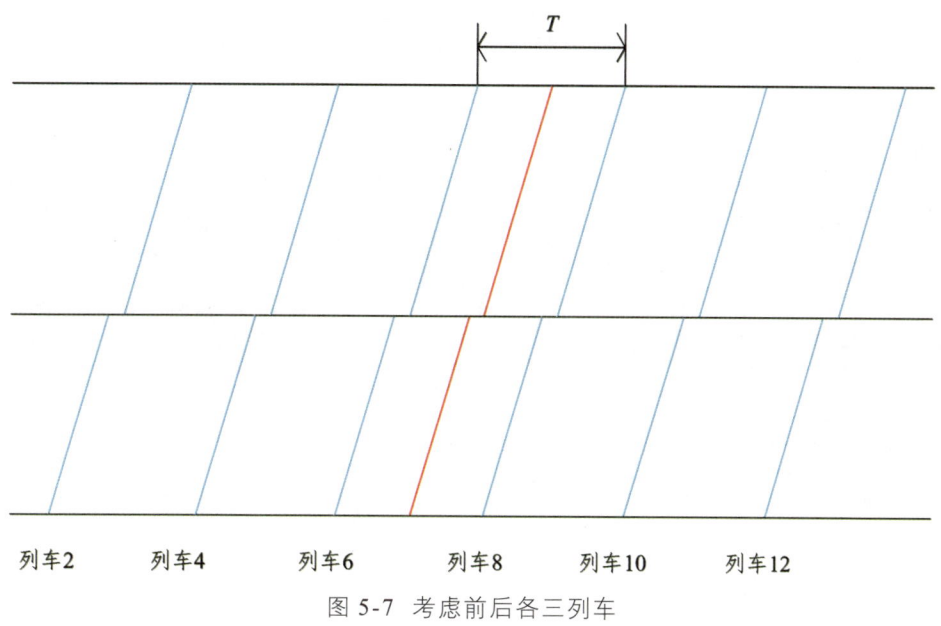

图 5-7 考虑前后各三列车

四、小　结

备用车上线一般是在列车发生故障或长时间延误时，利用备用车来替开故障车或延误列车。备用车上线会增加运输组织的难度，其关键问题是备用车上线时机的选择。备车的来源一般有两种，一种是摆放在正线车站存车线的备车，一种是停车场或车辆段存放的备车。一般情况下，备用车从准备到上正线的时间偏长，有时甚至会错过最佳时机，因此在实际运营过程中，备车一般都是处于热备状态。

第六节　越　站

一、定　义

越站是指列车在车站不停车通过。

二、使用时机

（一）客流较大时

2016年2月3日至6日，因配合春运，从每日开始运营至12时45分，广州地铁2号线和5号线列车不停站通过广州火车站。

（二）车站发生紧急情况时

2016年7月24日，西安城区普降大到暴雨，雨水大量倒灌入2号线小寨站，当晚20时56分，西安地铁暂时关闭小寨站，后续列车采取越站运行的模式。

（三）线路开通初期，车站不具备开通条件

2015年4月1日，南京地铁3号线正式开通试运营，但是由于上元门站暂不具备运营条件，所有列车在上元门站越站通过。

（四）车站需要改造时

为缓解车站客流压力，保障乘客出行安全，天津地铁自2017年6月19日起对3号线营口道站进行改造，所有列车不停车通过该站。

（五）客流量较小时

2005年10月12日，"十运会"开幕式当天，南京地铁为及时疏散奥体中心大客流，对客流量较小的元通站、中胜站采取了越站方式。

（六）演练配合需要时

2015年11月26日，武汉地铁首次在运营期间开展消防演练，为避免引起乘客恐慌，演练期间，选择在客流较少的工业四路站，让数趟列车直接越站通过。

三、模型建立

（一）越行站选择

列车不停站通过某站，一方面会节省在该站通过乘客的旅行时间，另一方面也会增加在该站上下车乘客的旅行时间，为了使乘客总的旅行时间节省最多，采用越行方式调整行车间隔时，应该尽量避免越行客流量较大的车站。

（二）需要越几个站

假设列车运行至车站 $i-1$ 时发生延误，预计延误时间为 $t_{延}$，后续可采用越站方式调整行车间隔。

列车越站运行节省时间：

如图 5-8 所示，列车在 ATO 模式下以速度 V 不停站通过车站 i，设列车越行 i 站节省时间为 $t_{节}$，则

$$t_{节}=t_{减}+t_i+t_{加}-t_{通}$$

式中　$t_{减}$——列车从速度 V 减速至列车停稳所需的时间；

　　　t_i——列车在车站 i 的停站时间；

　　　$t_{加}$——列车从起动加速至速度 V 所需的时间；

　　　$t_{通}$——列车以速度 V 不停站通过 i 站所需的时间。

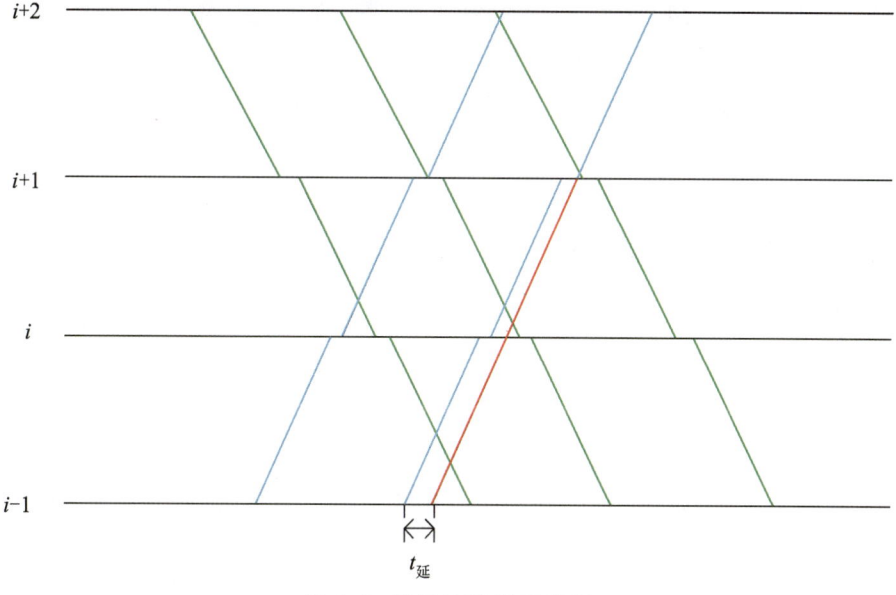

图 5-8 越行站选择示意图

设列车运行减速度和加速度分别为 a_1、a_2，则列车减速和加速运行的距离分别为：

$$L_1=\frac{-V^2}{2a_1}$$

$$L_2=\frac{V^2}{2a_2}$$

则：$t_{通}=\dfrac{L_1+L_2}{V}$

综上，需要越站个数为：$N_{越} = \dfrac{t_{赶} - t}{t_{节}}$。

其中，$t_{赶}$—— 列车运行至终点站可能的赶点时间。

四、小　结

越站是指列车在某站不停车直接通过。一般分为赶点越站、空驶越站、换乘站邻线列车越站等几种情况。赶点越站一般是在列车发生延误后，为了使列车能尽快恢复至正点运行而选择在某些车站直接通过，以节省列车在站的停站时分和起停附加时分。这种情况下，为了保证服务质量，末班车不能越站，连续两列车不能在同一车站越站、同一列车也不宜连续越多个站。空驶越站是为了缓解线路某些车站的客流压力，组织空车在始发站或部分中间站越站通过，到客流量大的车站才开始停站并载客。这种情况一般适用在高峰时段内能力较为紧张的区段，以及因大型活动而形成的车站突发大客流的疏散。换乘站邻线列车越站，一般用在网络化运营条件下，为了避免邻线客流的大量换入对车站和延误列车造成冲击。该措施的实施对乘客的影响较大，需要合理地进行客流组织，使用时需慎重考虑。

第七节　列车小交路运行

一、定　义

小交路运行，指列车在指定的中间站清客后，经渡线、存车线等辅助线折返至另一方向线路上运行。与常规交路不同，小交路只在线路的某一区段运行。

二、使用时机

（一）客流不均衡时

2008年9月1日起，上海轨道交通1号线实行大小交路。运营方案：港城路站 — 灵岩南路站区段为大交路运营（行车间隔为13 min），中间最繁忙的巨峰路站 — 儿童医学中心站区段为小交路运营（行车间隔为6 min 30 s）。

（二）设备系统故障时

2009年12月22日5时50分，上海轨道交通1号线陕西南路站 — 人民广场站区段接触网跳闸,该区段列车停运,为维持运营,行调采用"哑铃型"交路进行行车调整,在两端非故障段(富锦路站—上海火车站区段,徐家汇站—莘庄站区段)组织小交路运行,故障段调集80辆公交车短驳乘客。

(三)线路出现异常时

2012年1月6日,南京地铁2号线汉中门站—上海路站区间发生道床异常隆起,南京地铁立即启动应急运营方案,组织列车分段运营,分别在油坊桥站—汉中门站区间、经天路站—上海路站区间组织小交路运行。

(四)受天气影响时

2016年7月7日,受暴雨影响,南京地铁1号线采取分段运行,分别在中国药科大学站—安德门站区段和三山街站—迈皋桥站区段采用小交路运行方式,行车间隔分别为5 min和7 min。

三、模型建立

(一)从哪里折返

小交路折返的位置需要根据故障点位置及正线上具备折返功能的车站位置来确定,一般情况下,小交路折返站应该尽可能地选在靠近故障点位置且小交路折返列车与故障造成的晚点列车至少保证一个区间间隔,这样才能尽可能地减少故障造成的影响,最大限度地维持运营。

(二)折哪趟车

如图5-9所示,绿色代表下行列车的运行服务,蓝色代表上行列车的运行服务,由于突发情况,如列车在 $i+1$ 站晚点较多(列车在 $i+1$ 站故障或下行区间 $(i+1, i)$ 故障造成列车无法通过),需要组织上行列车在 i 站小交路折返至下行以调整列车运行间隔。

如图5-10所示,上行列车2在 i 站小交路折返,其折返过程主要包括:列车在 i 站上行站台清客、司机换端、行调准备进路、列车运行至存车线停稳、司机换端、行调准备进路、列车运行至下行站台后上客完毕,故

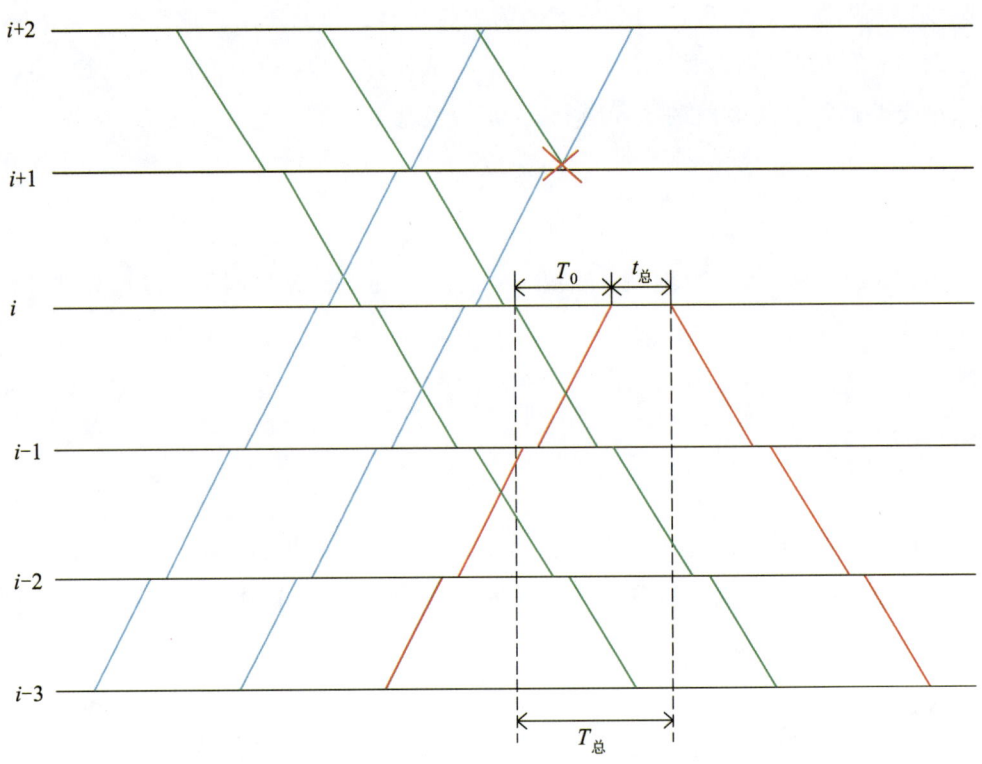

图 5-9 列车小交路折返运行图

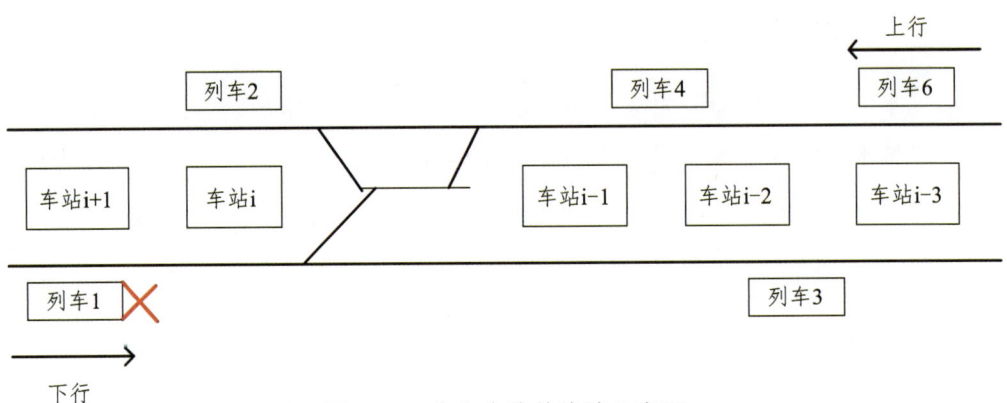

图 5-10 有存车线的线路示意图

$$t_\text{总} = \max\{T_1, T_2, T_3\} + T_4 + \max\{T_2, T_3\} + T_5$$

式中　T_1——列车在 i 站上行站台清客所需时间；

　　　T_2——司机换端所需时间；

　　　T_3——行调准备进路所需时间（含行调通知司机动车所需时间）；

　　　T_4——列车运行至存车线停稳所需时间；

　　　T_5——列车运行至下行站台后上客完毕所需时间（含司机站台作业时间）。

如图 5-11 所示，上行列车 2 在 i 站小交路折返，其折返过程主要包括：列车在 i 站上行站台清客、司机换端、行调准备进路、列车折返运行至下行线，故

$$t_{总} = \max\{T_1, T_2, T_3\} + T_6$$

式中 T_6——列车折返运行至下行线所需时间。

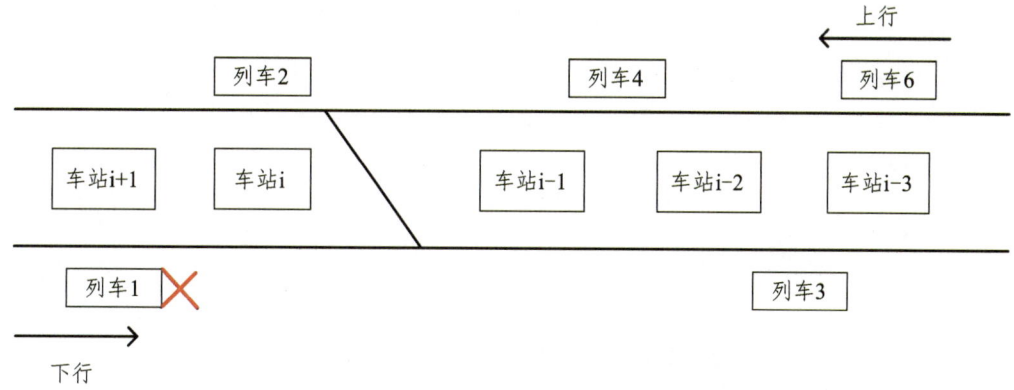

图 5-11 无存车线的线路示意图一

如图 5-12 所示，上行列车 2 在 i 站小交路折返，其折返过程主要包括：列车在 i 站上行站台清客、列车运行至尾部出清道岔 $W1$、司机换端、行调准备进路、列车折返运行至下行站台上客完毕，故

$$t_{总} = T_1 + T_7 + \max\{T_2, T_3\} + T_5$$

其中，T_7——列车运行至尾部出清道岔 $W1$ 所需的时间。

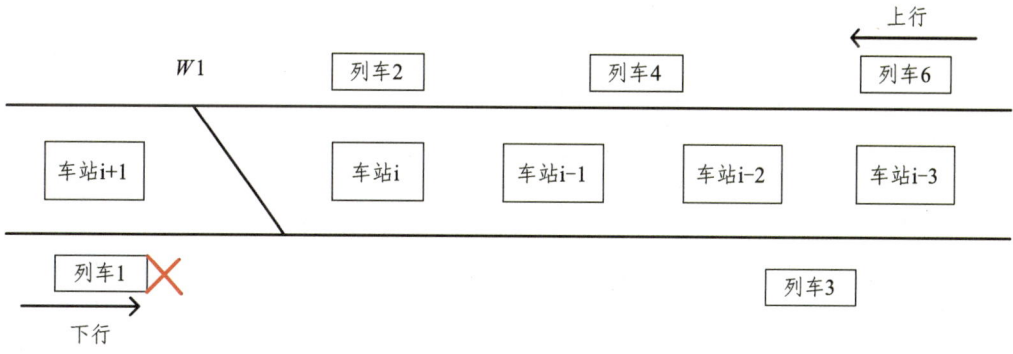

图 5-12 无存车线的线路示意图二

组织上行列车小交路折返至下行，是为避免下行列车产生运行大间隔，根据列车运行大间隔的定义。

必须使 $T_{总} - T \leq 15 \text{ min}$

即：$T_0 + t_{总} - T \leq 15 \text{ min}$

故：$T_0 \leqslant 15\min + T - t_总$

综上可知，行调必须在故障列车前一列车在 i 站发车后 $(15\min + T - t_总)$ 内将上行列车扣在 i 站，并及时组织小交路折返，才能避免运行大间隔的产生。

四、小 结

小交路折返一般是当列车发生较长时间延误，为减少对后续列车的影响，组织延误列车在具备折返条件的车站提前折返。小交路折返对行车组织和客流组织的影响都较大，同时牺牲了某些区段的运输能力，因此这种方式适合于延误时间较长且行车密度较高的线路上使用，在实施前须提前告知乘客，并在提前折返的车站做好客流的疏导工作。

第八节 单线双方向运行

单线双向运行，也称"拉风箱"，就是在一条固定进路同一时间内只有一列车往返运行。当一条线路上某个区段堵塞时，可以在另一线路上的相同区段采用此种行车方式，须注意的是在两端车站必须控制好列车进路，避免列车冲突。

一、定 义

单线双方向运行，俗称"拉风箱"，是指同一时间内某一条固定进路上只有一趟列车往返运行。

二、使用时机

1. 新线开通时

2004年12月28日，深圳地铁4号线一期开通试运营，由于行驶站点较少，只有福民、会展中心、市民中心、少年宫4个站，所以在福民站—少年宫站区段采用1列车单线双方向运行。

2. 设备未正常启用时

2005年5月15日，南京地铁1号线一期工程开始观光试运营，由于ATC（列车自动控制）等设备系统正在调试，尚未正常启用，因此在两条线路上分别组织列车单线双方向运行。

3. 施工配合时

2005年8月7日,广州海员宾馆北楼爆破施工,由于爆破地点离地铁隧道较近,为了确保运营安全,广州地铁2号线在公园前站—市二宫站上行线采用单线双向运行。

4. 设备调试及试验时

2006年11月6日,为配合广州地铁3号、4号线年底前双线开通进行的信号系统调试,地铁4号线大学城专线采用了单线双方向运行模式。

5. 设备系统故障时

2007年6月25日,广州地铁3号线天河客运站信号设备发生故障,行调组织列车在岗顶站—天河客运站区段采用单线双向运行。

6. 线路出现异常时

2012年1月6日,南京地铁2号线汉中门站—上海路站区间发生道床异常隆起,南京地铁立即启动应急运营方案,组织列车分段运营,在上海路站—汉中门站下行线单线双方向运行。

7. 受天气影响时

2016年7月7日,受暴雨影响,南京地铁1号线采取分段运行,在安德门站—三山街站区段采用单线双方向运行模式(行车间隔15 min)。

三、小　结

单线双方向运行作为一种降级运营模式,可以在故障发生时,最大限度地维持不间断运营,减少损失、降低影响。但是其在安全、客运服务等方面存在局限性,一方面增加了安全风险,另一方面也增大了客运服务工作的难度。从乘客角度来看,如果单线双方向运行区段两端车站距离较长,乘客的的候车时间也会明显增加。

第九节　改变运营模式

一、定　义

改变运营模式是指将大小交路运营模式改为大交路运营。

二、使用时机

（1）小交路折返点出现故障影响小交路折返时。
（2）发生列车、信号故障或者突发事件导致列车大面积晚点时。
（3）发生叠加故障导致调度员无法正常监控大小交路时。

三、数学描述

如图 5-13 所示，某地铁采用大小交路混跑模式，其中大交路为车站 1— 车站 4，小交路为车站 2— 车站 3，设大交路运行周期为 $T^{大}_{周期}$，小交路运行周期为 $T^{小}_{周期}$，小交路列车行车间隔为 T。

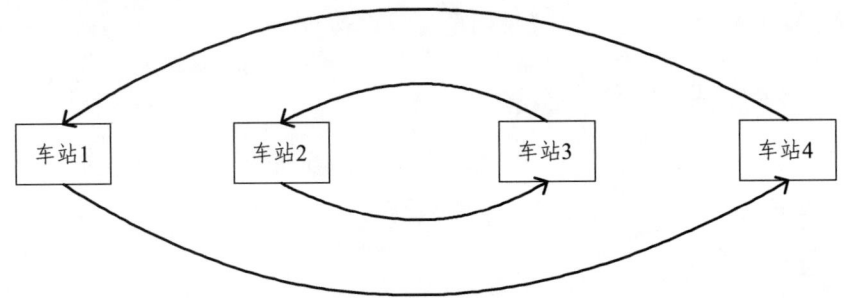

图 5-13 大小交路混跑模式

1. 大小交路运营模式下上线列车数的计算

如图 5-14 所示，当大小交路上线列车数之比为 1∶1 时，此时小交路上线列车数为：

$$N^{小} = \frac{T^{小}_{周期}}{\frac{1+1}{1}T} = \frac{T^{小}_{周期}}{2T}$$

大交路上线列车数为：$N^{大} = \dfrac{T^{大}_{周期}}{2T}$

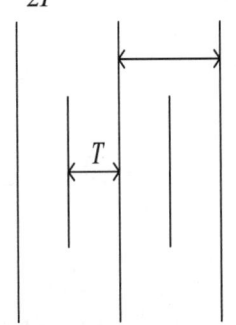

图 5-14 大小交路上线列车数为 1∶1

故正线总上线列数为：

$$N_{总} = N^{大} + N^{小} = \frac{T^{大}_{周期}}{2T} + \frac{T^{小}_{周期}}{2T} = \frac{T^{大}_{周期} + T^{小}_{周期}}{2T}$$

如图 5-15 所示，当大小路上线列车数之比为 1：2 时，此时

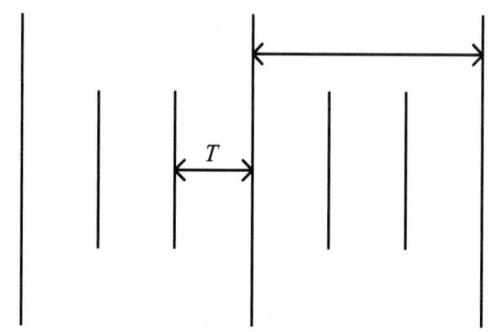

图 5-15 大小交路上线列车数为 1：2

小交路上线列车数为：$N^{小} = \dfrac{T^{小}_{周期}}{\dfrac{1+2}{2}T} = \dfrac{2T^{小}_{周期}}{3T}$

大交路上线列车数为：$N^{大} = \dfrac{T^{大}_{周期}}{3T}$

故正线总上线列车数为：

$$N_{总} = N^{大} + N^{小} = \frac{T^{大}_{周期}}{3T} + \frac{2T^{小}_{周期}}{3T} = \frac{T^{大}_{周期} + 2T^{小}_{周期}}{3T}$$

当大小路上线列车数之比为 1：x 时，此时

小交路上线列车数为：$N^{小} = \dfrac{T^{小}_{周期}}{\dfrac{1+x}{x}T} = \dfrac{xT^{小}_{周期}}{(1+x)T}$

大交路上线列车数为：$N^{大} = \dfrac{T^{大}_{周期}}{(1+x)T}$

故正线总上线列车数为：

$$N_{总} = N^{大} + N^{小} = \frac{T^{大}_{周期}}{(1+x)T} + \frac{xT^{小}_{周期}}{(1+x)T} = \frac{T^{大}_{周期} + xT^{小}_{周期}}{(1+x)T}$$

2．运营模式改变

（1）一边改运营模式。

如图 5-16 所示，当遇特殊情况小交路列车在车站 3 不能正常折返，需要组织小交路列车在车站 4 进行折返，此时小交路运行周期会增大，设增大后的运行周期为 $T^{2,4}_{周期}$，若保持小交路上线列车数不变，则小交路行车间隔将增大，即行车间隔变

为 $\dfrac{T_{周期}^{2,4}}{T_{周期}^{小}}T$，相应的运能降低 $\dfrac{T_{周期}^{2,4}-T_{周期}^{小}}{T_{周期}^{2,4}}\times 100\%$，此时大交路上线列车为 $\dfrac{T_{周期}^{大}T_{周期}^{小}}{(1+x)T_{周期}^{2,4}T}$，需组织列车退车，退车数为 $\dfrac{T_{周期}^{大}}{(1+x)T}-\dfrac{T_{周期}^{大}T_{周期}^{小}}{(1+x)T_{周期}^{2,4}T}$。

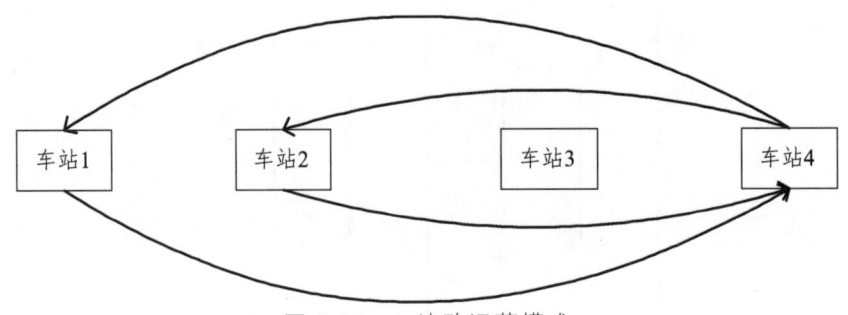

图 5-16　一边改运营模式

（2）两边改运营模式。

如图 5-17 所示，当遇特殊情况取消小交路列车，此时小交路运行周期会增大，即增大后运行周期为 $T_{周期}^{大}$，若保持小交路上线列车数不变，则小交路行车间隔将增大，即行车间隔变为 $\dfrac{T_{周期}^{大}}{T_{周期}^{小}}T$，相应的运能降低 $\dfrac{T_{周期}^{大}-T_{周期}^{小}}{T_{周期}^{2,4}}\times 100\%$，此时大交路上线列车为 $\dfrac{T_{周期}^{小}}{(1+x)T}$，需组织列车退车，退车数为 $\dfrac{T_{周期}^{大}-T_{周期}^{小}}{(1+x)T}$。

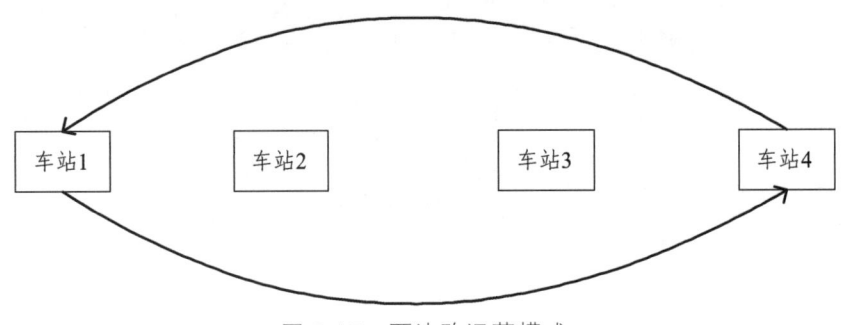

图 5-17　两边改运营模式

第十节　其他调整方式

一、列车反向运行

当出现运营线路中断或列车严重堵塞时，可组织某一时段的部分列车经相关辅助线转到另一线路上反方向运行至终点站（或反方向运行一小段后再返回正方向运行至终点站），以缩小列车间隔，均衡各列车的运行。

（一）定　义

列车运行分为上、下行方向运行，在上行线开行下行方向列车或在下行线开行上行方向列车，均为反方向运行。

（二）使用时机

（1）线路出现异常时。

2015年7月29日，大连地铁2号线首班出库列车运行至联合路站至人民广场站上行区间发现轨道内有积水，为确保列车运行安全，调度人员组织该列车退回联合路站，并组织后续列车利用辽师站道岔折返，反方向运行至人民广场站。

（2）信号等设备发生故障时。

2012年2月25日，广州地铁1号线出现信号设备故障，导致列车不能在广州东站折返，为减少故障对全线造成的影响，调度人员组织1列车在东山口站折返，反方向运行疏导客流。

（3）新车调试时。

（4）反向压道。

二、退　车

当故障使某一区段的通过能力受限，导致线路拥堵时，为了消除列车在通过能力瓶颈前因排队等待而导致的晚点，行调可以采取通过退车以保列车顺畅通行的调整手法。

（一）定　义

退车是指适当减少线上运行列车数量，组织列车退出服务。

（二）使用时机

（1）列车故障时。

2017年7月1日，某地铁X线12901次（0117车）在多个车站车门未与屏蔽门联动开启，调度人员组织该列车车站 15 下行线清客后运行至车站 20 存车线退出服务。

（2）线路通过能力下降时。

三、抽　线

（一）定　义

抽线是指运行图规定的列车车次取消运行计划。

（二）使用时机

（1）终点站折返能力不足时。

2016 年 9 月 3 日，某地铁 X 线车站 27 折返道岔 W5902/W5904 道岔故障，车站 27 折返能力不足，调度人员组织 10120 次抽线。

（2）列车终到折返站延误较大时。

（3）列车故障需在终点站退出服务无备用车替开时。

四、始发站提前或推迟发车

当后续到达终点站的列车出现延误，造成行车间隔较大时，可适当控制列车在始发站的发车时间，即在始发站组织提前或延迟发车，从而均衡行车间隔，避免出现行车大间隔。

（一）定　义

始发站提前/推迟发车是指列车在始发站比照时刻表提前/推迟发车。

（二）使用时机

1. 线路通过能力下降时

2016 年 4 月 20 日，某地铁 X 线车站 14 联锁区上行线及车站 14 存车线 II 道计轴红光带，为调整行车间隔，调度人员组织全线各次列车在两端始发站比照时刻表晚发 2 min。

2. 后续到达终点站的列车出现延误，造成行车间隔较大时

2015 年 12 月 22 日，某地铁 X 线一期 12704 次（0110 车）运行过程中多次出

现故障，导致后续列车 11816 次（0119 车）终到车站 8 晚点 296 s，为控制行车间隔，调度人员组织 12705 次比照时刻表晚发 2 min。

第十一节　案例分析

道岔是地铁列车变更进路必须经过的轨道设备，一旦发生故障就会影响正线列车正常运行，降低线路通过能力，对地铁运营质量和效率产生影响。终点站折返道岔发生故障，其影响范围更广，应急处置更难，对运营产生的影响也更大，因此，探讨终点站折返道岔故障情况下的行车组织方案对于故障情况下提高应急处置效率、最大限度维持运营具有一定的积极作用。

（一）道岔故障类型

一般情况下，道岔故障主要分为两类：一类是软件故障，主要是指信号系统认为的道岔故障，ATS 工作站上表现为道岔灰显、道岔红闪等；另一类是硬件故障，主要是指道岔结构的机械故障，如道岔变形、道岔尖轨不密贴等。

道岔故障时，应优先考虑运行列车是否有变更进路，若存在变更进路则按变更进路组织列车运行。折返道岔软件发生故障时，行车调度/行车值班员需要在 ATS 工作站对相应道岔进行系统操作，操作后若道岔恢复正常，即可正常组织行车；若故障仍然存在，要及时通知车站人工准备进路，按调车方式办理折返。这种情况下，故障的影响时间集中在故障地点，第一趟列车的折返受影响较大，其折返时间跟车站人员下线路准备进路的时间有关，按照"先通后复"的原则，OCC 需要根据当时的现场情况组织车站人员将相关道岔钩锁至正确位置。行车调整方面，OCC 应根据线路特点、当时的行车间隔、客流特点及时地组织大小交路运行。

折返道岔硬件故障时，一般是不允许列车通过道岔，必须立即组织设备所属部门下线路进行抢修，OCC 负责行车调整，具体行车组织方案在后面会做详细探讨。

（二）折返道岔硬件故障情况下的行车组织方案

图 5-18 所示的是某地铁线路简图，其中 B 站设置两条存车线、D 站设置两条折返线，若终点站 D 站站后折返道岔判定为硬件故障，列车不能在 D 站折返作业时，OCC 须在组织抢修的同时进行行车组织调整，行车调整方案如下。

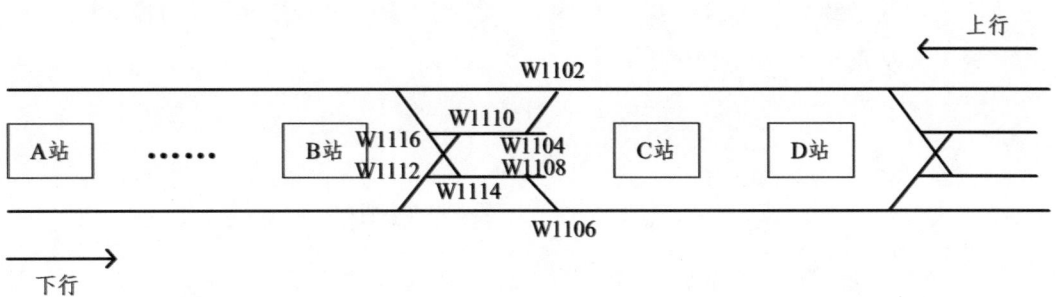

图 5-18 某地铁线路简图

1. 方案一

组织 1 趟列车在 B 站小交路折返，再组织下一趟列车经 B 站存车线折返至 C 站上行线，反方向运行至 D 站上行线清客后往 A 站方向投入载客服务，如此循环下去。该方案按列车数 1:1 进行大小交路混跑，大交路为 A 站—D 站，小交路为 A 站—B 站。

运营分析：小交路的运行周期为 $T_1 = 90 \text{ min}$，大交路运行周期为 $T_2 = 104 \text{ min}$，设小交路行车间隔为 $t_1 = 6 \text{ min}$，则小交路最大可容纳列车数为 $N_1 = T_1/t_1 = 90/6 = 15$ 列。由于按列车数 1:1 进行大小交路混跑，大交路行车间隔应该是小交路的 2 倍，即大交路行车间隔为 $t_2 = 2t_1 = 12 \text{ min}$，则大交路 B 站—D 站区段只能容纳 $N_2 = (T_2 - T_1)/t_2 = 14/12 \approx 1$ 列，综上分析全线可容纳列车数最多为 $N_3 = N_1 + N_2 = 15 + 1 = 16$ 列。

2. 方案二

组织所有列车经 B 站存车线折返至 C 站上行线，反方向运行至 D 站上行线清客后，往 A 站方向投入载客服务。

运营分析：A 站折返能力为 $t_3 = 5$（min），列车在 B 站—D 站上行线的运行时间为 $t_4 = 6 \text{ min}$，乘客在 D 站上下车及司机的作业时间为 $t_5 = 2 \text{ min}$，列车从 D 站上行线开出至出清 W1102 道岔的时间为 $t_6 = 6 \text{ min}$，B 站折返能力为 $t_7 = t_4 + t_5 + t_6 = 6 + 2 + 6 = 14 \text{ min}$。A 站—D 站的运行周期为 T_2（min），按行车间隔 $t_7' = \max\{t_3, t_7\} = 14 \text{ min}$ 进行计算，最大可容纳列车数为 $N_4 = T_2/t_7' = 104/14 \approx 7$ 列，综上分析全线可容纳的列车数最多为 $N_4 = 7$ 列。

3. 方案三

分别组织各趟列车按 1:1 的比例进入 D 站上行线和下行线，清客后往 A 站方向投入载客服务。行车组织方式为：第 1 趟车经 B 站存车线折返至 C 站上行线，反方向运行至 D 站上行线，第 2 趟车运行至 D 站下行线，待第 1 趟车出清 W1102 道岔组织第 3 趟车经 B 站存车线折返至 C 站上行线，反方向运行至 D 站上行线，待第 2 趟车出清 W1106 道岔后组织第 4 趟车运行至 D 站下行线，如此循环下去。

运营分析：A 站折返能力为 $t_3=5$（min），列车从 D 站下行线开出至出清 W1106 道岔的时间为 $t_8=6$ min，列车从 B 站下行线开出至出清 W1102 道岔时间为 $t_9=1$ min。B 站折返能力为 $t_{10}=t_8+t_9=6+1=7$ min，按最大行车间隔 $t'_{10}=\max\{t_3,t_{10}\}=7$ min 进行计算，最大容纳列车数 $N_5=T_2/t'_{10}=104/7\approx14$ 列，综上分析全线可容纳列车数最多为 $N_5=14$ 列。

4. 方案四

组织列车在 B 站折返，在 B 站—D 站上行线采用单线双方向运行，该方案为 A 站—B 站采用小交路运行，B 站—D 站上行线采用单线双方向运行。

运营分析：A 站折返能力为 $t_3=5$ min，B 站折返能力为 $t_{11}=6$ min，按行车间隔 $t'_{11}=\max\{t_3,t_{11}\}=6$ min 进行计算，小交路最大可容纳列车数为 $N_6=T_1/t'_{11}=90/6=15$ 列。B 站—D 站上行线组织单线双方向运行，只能容纳 1 列车，行车间隔为 $t_{12}=14$ min，综上分析全线可容纳列车数最多为 $N_7=N_6+1=16$ 列。

5. 行车组织方案比较

对于道岔硬件故障情况下的行车组织方案，从安全性、行车间隔、最大上线列车数等方面对 4 种可行的行车组织方案进行比较，方案三行车组织方式复杂，需要人工干预的程度较高，存在较大的安全风险；方案一存在列车反方向运行，需要相关人员熟练掌握反方向运行的相关规定；方案四组织列车单线双方向运行，存在列车冲突隐患。方案一和方案四均采用的两种行车组织方式，较正常运营时行车组织变化较大，对乘客的影响较大，其具体比较如表 5-1 所示。

表 5-1 行车组织方案的比较

行车组织	方案一		方案二	方案三	方案四	
安全性	较高		高	低	较低	
行车间隔	小交路	大交路	14	7	小交路	单线双方向
	6	12			6	14
最大上线列车数	16		7	14	16	
乘客接受度	较低		高	较高	低	

(三)基于层次分析法的行车组织方案比选

1. 行车组织方案层次结构模型的建立

在可行的行车组织方案中选择相对较优的方案,需要考虑很多影响因素,这里选择安全性、乘客接受度、最大上线列车数作为方案比选的评价指标。按照层次分析法的原理,将评价目的、影响因素和可行方案划分为不同层次,建立行车组织方案比选体系的层次结构模型,如图 5-19 所示。层次结构模型共分为三层,第一层为目标层,为行车组织方案比选;第二层为准则层,为安全性、乘客接受度、最大上线列车数;第三层为方案层,为方案一、方案二、方案三、方案四 4 种行车组织方案。

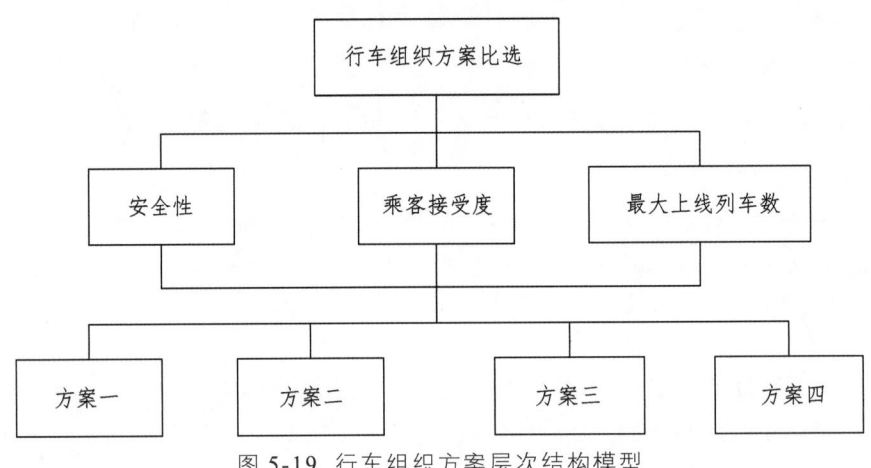

图 5-19 行车组织方案层次结构模型

2. 决策矩阵的构造

为了更清晰地描述可行方案中某因素在方案比选过程中的作用并便于后面的计算,建立目标特征值矩阵(决策矩阵)。设有 n 种行车组织方案,每种方案包含 m 个影响指标,则目标特征值矩阵(决策矩阵)为

$$X_{m\times n} = \begin{bmatrix} x_{11} & x_{12} & \cdots & x_{1n} \\ x_{21} & x_{22} & \cdots & x_{2n} \\ \vdots & \vdots & & \vdots \\ x_{m1} & x_{m2} & \cdots & x_{mn} \end{bmatrix} \quad (5-1)$$

式(5-1)中,X_{ij} 表示第 j 个行车组织方案中第 i 个指标的权重。指标的权重值可以分为定性的权重值和定量的权重值,定性的权重值可以根据影响程度进行赋值,这里对低、较低、较高和高分别赋值 0.5、1、1.5、2,定量的权重值可以直接用相应的数字来表示,则对应的目标特征值矩阵(决策矩阵)为

$$\boldsymbol{X}_{3\times 4} = \begin{bmatrix} x_{11} & x_{12} & x_{13} & x_{14} \\ x_{21} & x_{22} & x_{23} & x_{24} \\ x_{31} & x_{32} & x_{33} & x_{34} \end{bmatrix} = \begin{bmatrix} 1.5 & 2 & 0.5 & 1 \\ 1 & 2 & 1.5 & 0.5 \\ 16 & 7 & 14 & 16 \end{bmatrix} \quad (5\text{-}2)$$

由于量纲不同，为了使计算更加方便、清晰，归一化处理式（5-2）中各指标值，即

$$\boldsymbol{R}_{3\times 4} = \begin{bmatrix} r_{11} & r_{12} & r_{13} & r_{14} \\ r_{21} & r_{22} & r_{23} & r_{24} \\ r_{31} & r_{32} & r_{33} & r_{34} \end{bmatrix} = \begin{bmatrix} 0.06 & 0.1 & 0 & 0.03 \\ 0.03 & 0.1 & 0.06 & 0 \\ 1 & 0.42 & 0.87 & 1 \end{bmatrix} \quad (5\text{-}3)$$

3. 判断矩阵的构造及一致性检验

判断矩阵可以看作人们对各个指标相对重要性认识的反映，一般按照 1~9 比例标度，通过对指标两两比较，给出指标的相对重要程度，将安全性、乘客接受度、最大上线列车数两两进行比较，构造如下的判断矩阵。

$$\boldsymbol{C}_{3\times 3} = \begin{bmatrix} c_{11} & c_{12} & c_{13} \\ c_{21} & c_{22} & c_{23} \\ c_{31} & c_{32} & c_{33} \end{bmatrix} = \begin{bmatrix} 1 & 5 & 7 \\ 1/5 & 1 & 3 \\ 1/7 & 1/3 & 1 \end{bmatrix} \quad (5\text{-}4)$$

判断矩阵的最大特征根为 $\lambda_{\max} = 3.065$，一致性指数 $CI = \dfrac{\lambda_{\max} - n}{n-1} = \dfrac{3.065 - 3}{2} = 0.03$，查得 $RI = 0.58$，则一致性比率 $CI = CI/RI = 0.03/0.58 = 0.05 < 0.1$，说明判断矩阵满足一致性检验。计算各影响因素的权重分别为 0.72、0.19、0.09，则

$$\boldsymbol{U} = [0.72 \quad 0.19 \quad 0.09] \begin{bmatrix} 0.06 & 0.1 & 0 & 0.03 \\ 0.03 & 0.1 & 0.06 & 0 \\ 1 & 0.42 & 0.87 & 1 \end{bmatrix}$$

$$= [0.14 \quad 0.13 \quad 0.09 \quad 0.11] \quad (5\text{-}5)$$

由以上分析可得，综合考虑 4 种行车组织方案的安全性、乘客接受度及最大上线列车数，方案一的综合得分为 0.14，在 4 种可行方案中得分最高，即方案一是相对较优的。

第六章　清客决策模型

随着客流的增长，地铁运行的行车间隔也在不断地被压缩，高峰时期的最短行车间隔已缩短至 3 min 内，这就给调度人员在突发情况下的紧急处理带来新的挑战，常规的行车调整方式比如扣车多停及晚发等在较短行车间隔的情况下，效果不是很明显。必须借助清客来完成行车调整。那么什么时间清客、在哪清客、清客之后有什么影响、如何组织行车等成为决策者不得不考量的问题。

第一节　清客概述

一、清客的定义与特点

清客，顾名思义，就是地铁运营单位使乘客从列车车厢到站台的一种行为。

按照清客事先通知乘客与否，将清客分为计划性清客与非计划性清客。

计划性清客是指在乘客乘车前提前告知乘客的有计划、有组织的清客活动，比如列车运行至运营终点站（含小交路终点站）时的清客。另外，行车调整时，在始发站提前告知乘客的临时变更运营终点站时的清客也归为此类。

非计划性清客与计划性清客不同，乘客乘车前未提前告知乘客，是因设备故障、突发事件或行车调整需要而采取的使列车在中间站停运退出服务时的清客行为。比如列车救援时对救援列车与被救援列车的清客、使用小交路行车调整时对中间站折返列车采取的清客行为、因设备故障对低速运行列车或具有安全隐患的列车采取的清客行为。

非计划性清客因其突然性，使得组织时间较长，一般情况下都在 120 ~ 180 s，相对于计划性清客的 30 ~ 60 s，增加了 3 倍以上。

另外，根据清客是否为行车调整时的必选项，可以分为必要清客与非必要清客两种。必要清客主要指中断行车时的清客、列车救援时的清客、运营终点站的清客以及具有安全隐患的列车清客等。非必要清客是指小交路调整时的清客、低速运行列车的清客两种。小交路调整时的清客之所以归为非必要清客，是因为小交路调整是进行综合考虑后决定的行车调整手段，已综合考虑了清客的损失，而清客是小交路调整的必要项目。

必要性清客因受规章制度严格限制，无法突破规章去追求最优策略。但非必要清客是可以通过计算清客的得与失找到最优策略的。并且小交路调整时的清客在小交路调整章节重点讨论，本部分只讨论低速运行列车的清客。

二、场景描述

某地铁线路条件如图 6-1 所示，某时刻列车 k 在车站 i 下行站台突发设备故障造成列车限速运行，此时列车行车间隔为 T，限速后列车 k 运行速度为 $V_{限}$，而正常情况下列车运行速度为 V，区间 $(i,i+1)$ 的距离为 $L_{i,i+1}$、运行时间为 $t(i,i+1)$，列车在车站 i 的站台作业时间为 t_i，下行终点站为车站 $i+j$。

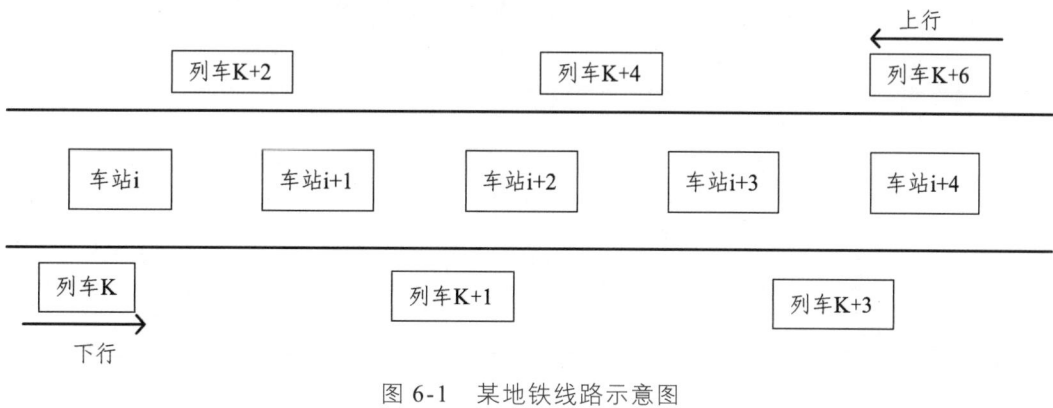

图 6-1　某地铁线路示意图

第二节　清客影响

一、对行车组织的影响

对于已开通的地铁线路，其各区间的平纵断面曲线信息是固定的，列车的牵引、制动特性以及空气阻力参数也是已知的。通常情况下，列车在站间的速度曲线也是固定的。当列车限速运行时，势必要改变原有的速度曲线，增加区间的运行时间。设区间 $(i,i+1)$ 增加的运行时间为 $\Delta t_0 = \Delta t(i,i+1)$，那么

$$\Delta t_0 = \Delta t(i, i+1) = f(L_{i,i+1}, V, V_{限})$$

根据测试数据可以看出，Δt_0 与 $L_{i,i+1}$ 正相关，区间运行距离越长，额外增加的区间运行时间越长；Δt_0 与 $V_{限}$ 负相关，限制速度越小，额外增加的区间运行时间越长；如果考虑区间平纵断面参数，那么速度曲线是相当复杂的，正是这种复杂性，使得 Δt_0 与 $L_{i,i+1}$、$V_{限}$ 之间的关系并不符合简单的速度、距离、时间公式。因此，在进行理论推算时，暂不考虑区间平纵断面参数，如果考虑，实际的 Δt_0 可以通过事先测试的方式获得。

当故障发生时，若列车不清客继续运行，那么列车运行至终点站 j 时将延误 $\sum_{0}^{j-1}\Delta t$。若 $\sum_{0}^{j-1}\Delta t \geqslant T$ 时，将影响后续列车运行，使得后续列车连带晚点。

当故障发生时，若组织列车清客，设列车清客时间为 $T_{清}$。清客地点为车站 $i+j'$，则列车到达车站 $i+j'$ 时，延误时间为 $\sum_{0}^{j'-1}\Delta t$，且 $\sum_{0}^{j'-1}\Delta t + T_{清} - t_{j'} < T$ 时，不影响后续列车运行，不产生连带晚点。列车清客完毕后沿途不停站且以高于 $V_{限}$ 的速度继续运行，存入就近存车线或车厂退出服务，则后续对于行车组织的影响可忽略不计。

表 6-1　列车限速运行时间测试（25 km/h）

序号	日期	车次	车底	方向	距离 m	计划运行时间 s	实际运行时间 s	增晚 s	驾驶模式	推荐速度 km/h	实际速度 km/h
1	8月17日	10216次	0118车	上行	360	113	160	47	ATO	23	22
2	8月17日	10416次	0122车	上行	360	113	158	45	ATO	23	23
3	8月17日	13314次	0110车	上行	360	113	178	65	ATP	23	23
4	8月17日	11016次	0126车	上行	360	113	159	46	ATP	23	23
5	8月18日	10514次	0140车	上行	360	113	156	43	ATO	22	22
6	8月18日	10416次	0131车	上行	360	113	155	42	ATO	23	22
7	8月18日	10816次	0120车	上行	360	113	165	52	ATP	22	21
8	8月18日	12214次	0141车	上行	360	113	172	59	ATP	22	22
9	8月19日	10514次	0105车	上行	360	113	155	42	ATO	22	22
10	8月19日	12812次	0118车	上行	360	113	155	42	ATO	22	22
11	8月19日	10416次	0116车	上行	360	113	172	59	ATP	22	22
12	8月19日	13012次	0110车	上行	360	113	160	47	ATP	22	22
13	8月17日	12813次	0115车	下行	443	112	169	57	ATP	25	18
14	8月17日	11215次	0136车	下行	443	112	156	44	ATP	25	25
15	8月18日	10315次	0114车	下行	443	112	163	51	ATO	23	23
16	8月18日	10615次	0118车	下行	443	112	161	49	ATO	23	23
17	8月18日	12813次	0123车	下行	443	112	174	62	ATP	24	22
18	8月18日	14007次	0119车	下行	443	112	188	76	ATP	23	21
19	8月19日	10615次	0127车	下行	443	112	162	50	ATO	24	24
20	8月19日	10915次	0140车	下行	443	112	164	52	ATO	24	24
21	8月19日	12213次	0108车	下行	443	112	186	74	ATP	23	22
22	8月19日	11215次	0142车	下行	443	112	173	61	ATP	23	21

从行车指标的角度考虑，若不清客时，故障列车到达终点站将晚点 $\sum_{0}^{j-1}\Delta t$，并且影响的列数为 $n = \mathrm{int}\left(\sum_{0}^{j-1}\Delta t/T\right)$，故障列车后续列车依次晚点 $\sum_{0}^{j-1}\Delta t - T$，$\sum_{0}^{j-1}\Delta t - 2T$，…，$\sum_{0}^{j-1}\Delta t - nT$；若清客时，故障列车记清客、下线、未完成单程指标，后续列车统计晚点指标，且晚点列数 $n' = \mathrm{int}\left[\left(\sum_{0}^{j'-1}\Delta t + T_{清} - t_{j'}\right)\middle/T\right]$，$t_i$ 依次晚点 $\sum_{0}^{j'-1}\Delta t + T_{清} - t_{j'} - T$，…，$\sum_{0}^{j'-1}\Delta t + T_{清} - t_{j'} - n'T$。

二、对乘客的影响

此时可以将乘客分成 3 个部分，即等待乘坐清客列车的乘客、已乘坐清客列车的乘客与乘坐清客列车后续列车的乘客，分别用矩阵 A、B、C 表示。其中 $A_{1,2}$ 表示在车站 $i+1$ 乘坐清客列车去往车站 $i+2$ 的乘客集合，$A_{j-1,j}$ 表示在车站 $i+j-1$ 乘坐清客列车去往车站 $i+j$ 的乘客集合；其中 B_1 表示列车 k 上去往车站 $i+1$ 的乘客集合，B_j 表示列车 k 上去往车站 j 的乘客集合。

（一）等待乘坐清客列车的乘客额外候车时间分析

对于等待乘坐清客列车的乘客，可以用如下矩阵表示：

$$\boldsymbol{A} = \begin{bmatrix} A_1 \\ A_2 \\ \vdots \\ A_{j-1} \end{bmatrix} = \begin{bmatrix} A_{1,2} & A_{1,3} & \cdots & A_{1,j} \\ 0 & A_{2,3} & \cdots & A_{2,j} \\ \vdots & \vdots & & \vdots \\ 0 & 0 & \cdots & A_{j-1,j} \end{bmatrix}$$

若不清客时，该部分乘客的额外等待时间可以用矩阵 $\boldsymbol{D}_1$ 表示：

$$\boldsymbol{D}_1 = \begin{bmatrix} \sum_{0}^{1}\Delta t & \sum_{0}^{2}\Delta t & \cdots & \sum_{0}^{j-1}\Delta t \end{bmatrix}^{\mathrm{T}}$$

此部分乘客额外等待总耗时 $\boldsymbol{H}_A = \sum_{e=1}^{j-1} A_e \boldsymbol{D}_1 = \sum_{e=1}^{j-1}\sum_{f=2}^{j}\left(A_{e,f}\sum_{0}^{f-1}\Delta t\right)$。

若清客时，当 $j' = 0$ 时，该部分乘客的额外等待总耗时 $H'_A = 0$。当 $j' = 1$ 时，$H'_A = T\sum_{e=1}^{j-1}\sum_{f=2}^{j}A_{e,f}$。当 $j' \geqslant 2$，则该部分乘客的额外等待时间用矩阵 $\boldsymbol{D}'_1$ 表示：

$$D_1' = \begin{bmatrix} \Delta t_0 + \Delta t_1 \\ \Delta t_0 + \Delta t_1 + \Delta t_2 \\ \vdots \\ \Delta t_0 + \Delta t_1 + \cdots + \Delta t_{j'-1} \\ \max\{\Delta t_0 + \cdots + \Delta t_{j'-1} + T_{\text{清}} - t_{j'}, T\} \\ \vdots \\ \max\{\Delta t_0 + \cdots + \Delta t_{j'-1} + T_{\text{清}} - t_{j'}, T\} \end{bmatrix}$$

此时，该部分乘客的额外等待总耗时 H_A' 为：

$$\begin{aligned} H_A' &= \sum_{e=1}^{j-1} A_e D_1' \\ &= \sum_{e=1}^{j-1} \sum_{f=2}^{j'} \left(A_{e,f} \sum_0^{f-1} \Delta t \right) + \max\left\{ \sum_0^{j'-1} \Delta t + T_{\text{清}} - t_{j'}, T \right\} \sum_{e=1}^{j-1} \sum_{f=j'+1}^{j} (A_{e,f}) \end{aligned}$$

对于乘客 A，当列车不清客时，乘客额外候车时间递远递增；当列车清客时，清客站及之前车站候车乘客额外候车时间不变，但清客站之后车站乘客额外候车时间维持在一个恒定值，即清客可以缩小部分乘客的额外候车时间。

（2）已乘坐清客列车的乘客额外乘车时间分析。

对于已乘坐清客列车的乘客，可以用矩阵 $\boldsymbol{B} = [B_1 \ B_2 \ \cdots \ B_j]$ 表示。

若不清客时，该部分乘客的额外等待时间可以用矩阵 $\boldsymbol{D}_2$ 表示：

$$\boldsymbol{D}_2 = \begin{bmatrix} \sum_0^0 \Delta t & \sum_0^1 \Delta t & \cdots & \sum_0^{j-1} \Delta t \end{bmatrix}^{\mathrm{T}}$$

H_B 表示，则

$$\begin{aligned} H_B &= \boldsymbol{B}\boldsymbol{D}_2 = [B_1 \ B_2 \ \cdots \ B_j] \begin{bmatrix} \sum_0^0 \Delta t & \sum_0^1 \Delta t & \cdots & \sum_0^{j-1} \Delta t \end{bmatrix}^{\mathrm{T}} \\ &= \sum_{g=1}^{j} \left(B_g \sum_0^{g-1} \Delta t \right) \end{aligned}$$

若清客时，该部分乘客的额外等待时间可以用矩阵 $\boldsymbol{D}_2'$ 表示：

$$D'_2 = \begin{bmatrix} \sum_{0}^{0} \Delta t \\ \vdots \\ \sum_{0}^{j'-1} \Delta t \\ \max\left(\sum_{0}^{j'-1} \Delta t + T_{\text{清}} - t_{j'}, T\right) \\ \max\left(\sum_{0}^{j'-1} \Delta t + T_{\text{清}} - t_{j'}, T\right) \\ \vdots \\ \max\left(\sum_{0}^{j'-1} \Delta t + T_{\text{清}} - t_{j'}, T\right) \end{bmatrix}$$

若此时，该部分乘客的额外等待总耗时用 H'_B 表示，则：

当 $j' = 0$ 时，$H'_B = T \sum_{g=1}^{j} B_g$；

当 $j' \geq 1$ 时，$H'_B = BD'_2 = \sum_{g=1}^{j'} \left(B_g \sum_{0}^{g-1} \Delta t \right) + \max\left(\sum_{0}^{j'-1} \Delta t + T_{\text{清}} - t_{j'}, T\right) \sum_{g=j'+1}^{j} B_g$。

对于乘客 B，列车不清客时，乘客的额外乘车时间依然符合递远递增的规律；若列车清客时，到达清客站及之前车站的乘客额外乘车时间不变，且之后车站的乘客额外候车时间依然维持在一个恒定值，但需变更其乘车状态，由乘车状态变更为候车状态，增加不稳定因素，尤其是当携带行李或行动不便时。

（3）乘坐清客列车后续列车的乘客额外出行时间分析。

对于乘坐清客列车后续列车的乘客，用 $C = [C_0 \quad C_1 \quad \cdots \quad C_j]$ 表示。

若列车不清客，该部分乘客的额外出行总耗时用 H_C 表示。

若 $\sum_{0}^{j-1} \Delta t \leq T$，则 $H_C = 0$；若 $\sum_{0}^{j-1} \Delta t > T$；取 $j'' = \max\left\{ e \in \{1, 2, \cdots, j\} \middle| \sum_{0}^{e-1} \Delta t \leq T \right\}$；则

$H_C = \sum_{e=j''+1}^{j} \left(C_e \sum_{j''}^{e-1} \Delta t \right)$。

若列车清客时，该部分乘客的额外出行总耗时用 H'_C 表示。

若 $\sum_{0}^{j'-1} \Delta t \leq T$，则 $H'_C = 0$。若 $\sum_{0}^{j'-1} \Delta t > T$；取 $j'' = \max\left\{ e \in \{1, 2, \cdots, j\} \middle| \sum_{0}^{e-1} \Delta t \leq T \right\}$；

若 $j'' \geq j'$，则 $H'_C = 0$。若 $j'' < j'$，则 $H'_C = \sum_{e=j''+1}^{j'} \left(C_e \sum_{j''}^{e-1} \Delta t \right) + \sum_{j'}^{j'-1} \Delta t \sum_{e=j'+1}^{j} C_e$。

对于乘客 C，在较近车站乘车的乘客基本不受故障影响，但在较远车站乘车的

乘客会额外增加出行时间，且满足递远递增的规律，同时清客会降低这种影响。

三、结论及建议

（一）预案优化

下面解决三个问题，首先是造成列车低速运行的故障发生时的位置距离终点站多少区间或多少千米时适宜选择清客；其次是已知某列车需要清客时，清客时机是否越及时越有利；最后清客组织程序优化措施。

首先当 $\sum_{0}^{j-1}\Delta t \leqslant T$ 时，肯定不会采取清客策略。

为了确定参数，选取并整理两个城市 5 条线路站间距、区间运行时分等数据，结果如表 6-2 所示。

表 6-2 基础数据表

单位：km/h	线路 1	线路 2	线路 3	线路 4	线路 5
区 01	43.7	49.9	43.9	46.9	42.6
区 02	47.7	42.5	42.2	41.9	40.5
区 03	42.1	54.3	42.8	47.2	47.0
区 04	63.7	52.9	44.3	39.6	42.4
区 05	40.5	39.7	43.6	38.3	50.5
区 06	48.6	48.6	47.6	46.2	45.4
区 07	42.8	44.7	42.5	42.8	49.0
区 08	34.2	46.9	43.5	46.3	47.6
区 09	47.3	51.3	43.2	41.2	44.7
区 10	41.3	54.4	42.6	40.0	37.4
均值	45.2	48.5	43.6	43.0	44.7
最大值	63.7	最小值	34.2	平均值	45.0
平均站间距	1.72 km	1.80 km	1.06 km	1.27 km	1.38 km

根据表 6-2 可知，平均速度基本在 42～45 km/h，因此取区间平均速度为 43.5 km/h；列车限速 25 km/h 运行时，实际基本在 22～23 km/h，因此取实际运行速度为 22.5 km/h。根据取值可计算出表 6-3 中的一些数据。

表 6-3 计算后的数据

T	s	180	240	300	360	420	480	540	600
$\dfrac{1}{V_{限}}-\dfrac{1}{V}$	—	0.077	0.077	0.077	0.077	0.077	0.077	0.077	0.077
$\sum l$	km	2.34	3.12	3.90	4.68	5.45	6.23	7.01	7.79

通常情况下,当列车终到晚点 120 s 及以上时,才统计为晚点。因此实际执行过程中对上述参数进行了修正,修正过后的数据如表 6-4 所示。

表 6-4 修正后的数据

T	s	180	240	300	360	420	480	540	600
$\sum l$	km	3.90	4.68	5.45	6.23	7.01	7.79	8.57	9.35

当 $\sum_{0}^{j-1}\Delta t > T$ 时,从乘客角度考虑,等待时间的取值见表 6-5。

表 6-5 等待时间取值表

j'	H_A	H'_A	H_B	H'_B	H_C	H'_C
0	$\sum\limits_{e=1}^{j-1}\sum\limits_{f=2}^{j}\left(A_{e,f}\sum\limits_{0}^{f-1}\Delta t\right)$	0	$\sum\limits_{g=1}^{j}\left(B_g\sum\limits_{0}^{g-1}\Delta t\right)$	$T\sum\limits_{g=1}^{j}B_g$	$\sum\limits_{e=j'+1}^{j}\left(C_e\sum\limits_{j'}^{e-1}\Delta t\right)$	0

若不清客时,额外出行总时间 $H = H_A + H_B + H_C$;若清客时,则 $H' = H'_A + H'_B + H'_C$。当 $j' = 0$ 时:

$$H' - H = T\sum_{g=1}^{j}B_g - \sum_{e=1}^{j-1}\sum_{f=2}^{j}\left(A_{e,f}\sum_{0}^{f-1}\Delta t\right) - \sum_{g=1}^{j}\left(B_g\sum_{0}^{g-1}\Delta t\right) - \sum_{e=j'+1}^{j}\left(C_e\sum_{j'}^{e-1}\Delta t\right)$$

此时 $H' - H > 0$ 并不一定成立。

因此,当采取清客措施时清客时机并不是越及时越有利,需要考虑列车车厢乘客数量以及后续车站站台候车人数。当故障列车乘客人数较多时,$T_{清}$ 也较大。

通过建模过程可以看出,当故障发生时,唯一可以降低故障影响的就是运营人员清客效率的高低,即 $T_{清}$ 的大小直接影响故障影响。清客效率的提高可以通过如下措施实现:调度人员发布清客指令要果断、清晰;车站人员要有高度的敏感性,及时做好清客的准备;在接到行调的清客指令后,要尽快安排人员协助司机清客,且清客人员越多越好;列车司机在接到行调指令后,立即播放清客广播,尽快清客完毕,按行调指令要求动车。

（二）小　结

上述分析过程中未考虑列车运行图缓冲时间，如果考虑，则可计入 Δt，并且 Δt 可以通过实际测定的方式获得，在模型的实际应用中可以将 Δt 作为一个固定参数。

在建模过程中有些基本假设虽然没有标出，但可以通过上下文的描述发现，比如 $j \geqslant 3$ 等。$j=0$、$j=1$、$j=2$ 这三种情况肯定不会采取清客措施，因为两个区间低速运行额外增加的时间要小于非计划清客所消耗的时间。

不同的行车调整方式对模型的影响不同。在处置过程中是按照后续列车与故障列车追踪运行的方式考虑的，并且这种方式在间隔较小时比较实用。如果间隔较大可以按照"一站一车"的方式考虑，并且这种方式下只是修订部分参数，不影响整体建模过程。

模型中未考虑列车实际时间与计划时间偏差导致的乘车顺序发生变化的乘客所带来的影响，因为如果考虑进来，模型会过于复杂，且这部分人数相对较少。

第三篇　客流应急篇

第七章　客流概述

客流是合理规划运输网、配置客运站点设施、配备旅客运输工具和编制其运行作业计划的基本依据。由于乘客乘车一般是一往一返，所以客流的流动方向分布相对平衡，而时间分布则很不均衡。虽不平衡，但呈一定的规律性，城市轨道交通运输计划是针对客流规律制订的运输计划，而当较平常客流突然增多的情况出现时，就需要建立相应的应急反应机制，客流应急就是指大客流情况下的应急反应。

第一节　大客流定义及特性

一、大客流的定义

大客流是指当基础设施与操作水平一定的情况下，某车站在某一时段集中到达的客流量超过车站正常客运设施设备或客运组织措施所能承担时的客流。

大客流状态下，城市轨道交通运营组织难度增加，车站极易出现乘客无法疏散、站台上下车客流量过大等诸多问题。车站客流组织效率受制于该站的最大客流疏导能力，一个完整的乘车流程及流程中所涉及到的设施设备如图7-1所示。

各项设施设备的数量及设计容量直接影响车站的最大客流疏导能力，车站的最大客流疏导能力影响因素主要包括通道通行能力及空间容纳能力，如图7-2所示。

二、大客流特性

（一）流量特性

大客流具有出行总量大的特点，其流量大小与大客流产生的原因有关，一般情况下很难预测准确。

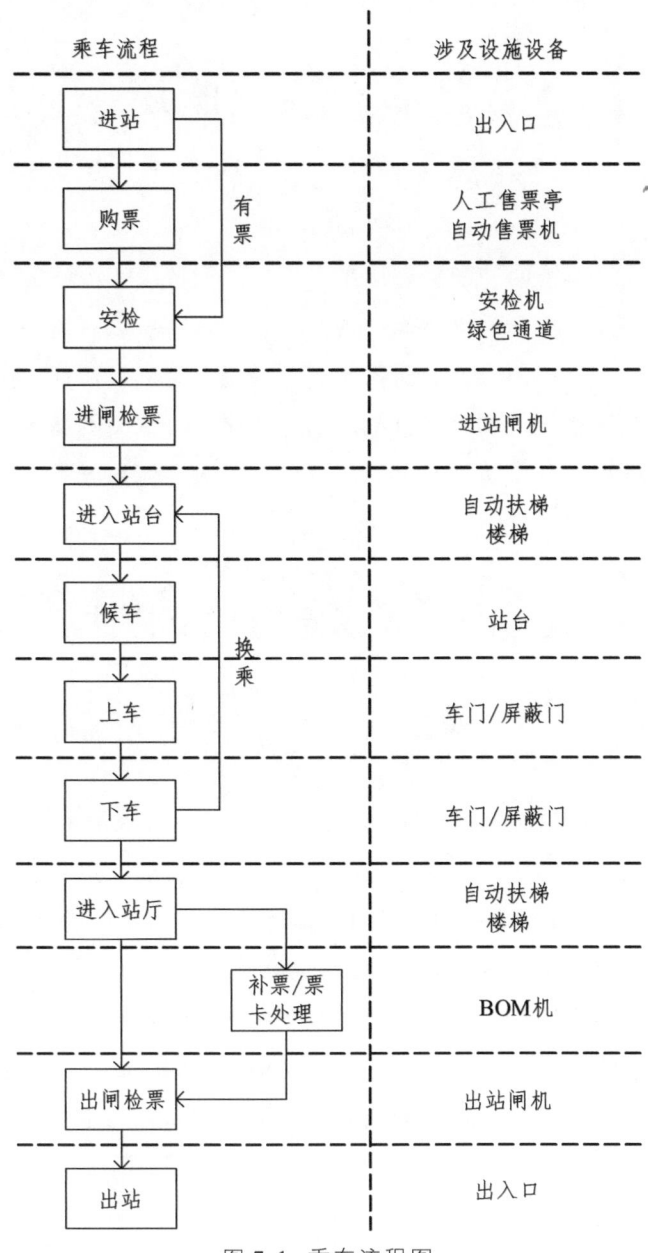

图 7-1 乘车流程图

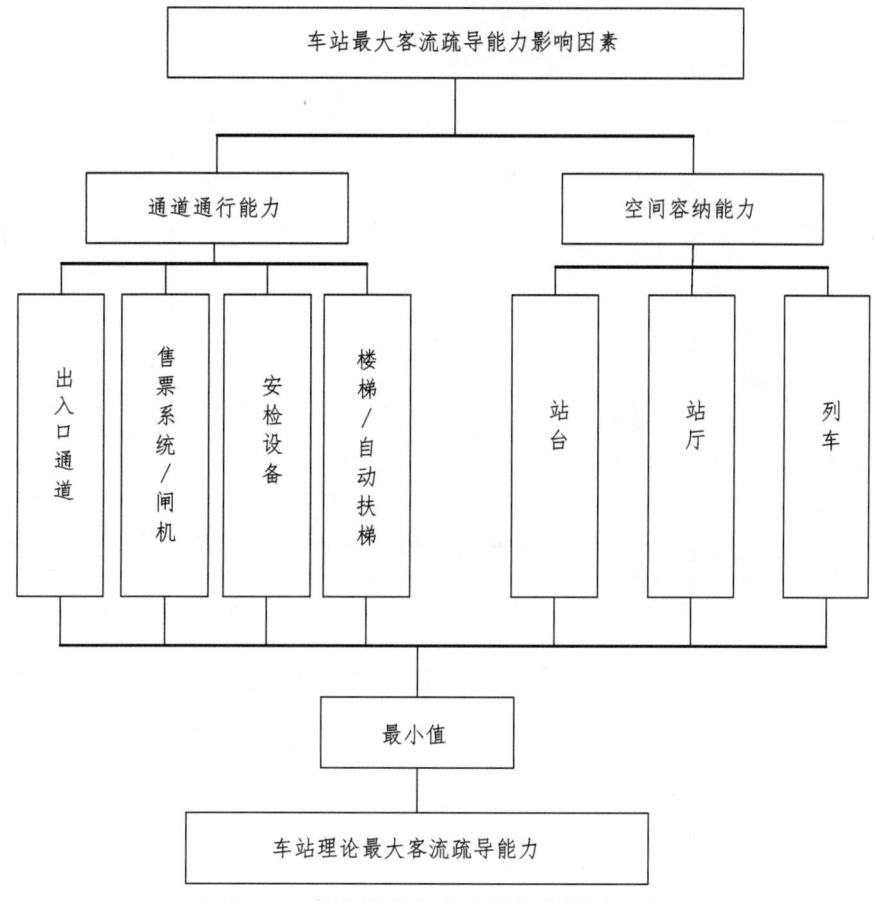

图 7-2 车站最大客流疏导能力影响因素

（二）时间分布特性

一般情况下，客流量会因时间的变化而发生明显的波动，即时间分布极不均衡，位于集散点附近的车站客流通常在时间分布上呈现出明显的突峰，下面以某地铁为例，具体分析客流分布特性。

1. 全年客流规律

如图 7-3 所示，从全年来看，一般城市地铁客流呈现出"先增后降再增"的趋势。以某地铁为例，春节期间客运量最低，春节过后大量外地市民返程客运量逐步回升，4 月份达到第一个峰值，7 月份进入暑期客运量回落，9 月份暑假结束客运量再次升高，12 月份达到全年最大值。

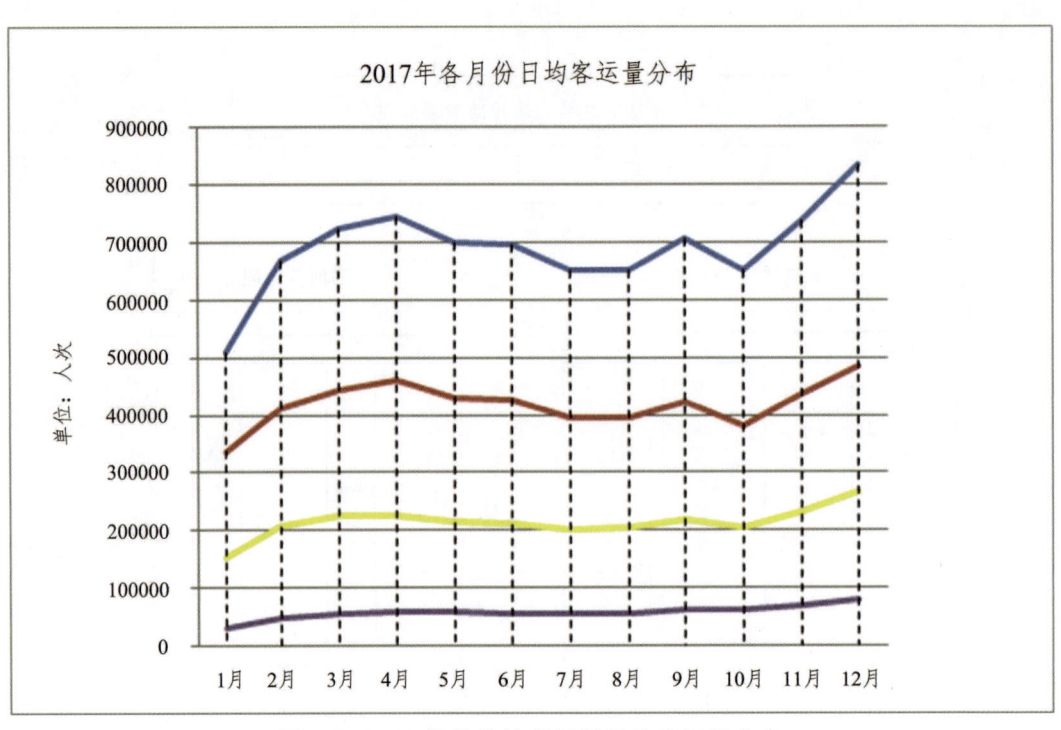

图 7-3 2017 年某地铁各月份日均客运量分布

2. 一周客流规律

不同的城市因发展水平、人口结构、城市布局等不同，市民的出行习惯也不尽相同。比如全国某些一线城市的地铁系统周五的客运量显著高于其他天数的客运量，周末客运量较低，周日最低，从图 7-4 和 7-5 可以看出，开通时间较晚的某新兴城市地铁客流分布规律则完全不同，周末客流显著大于工作日客流。

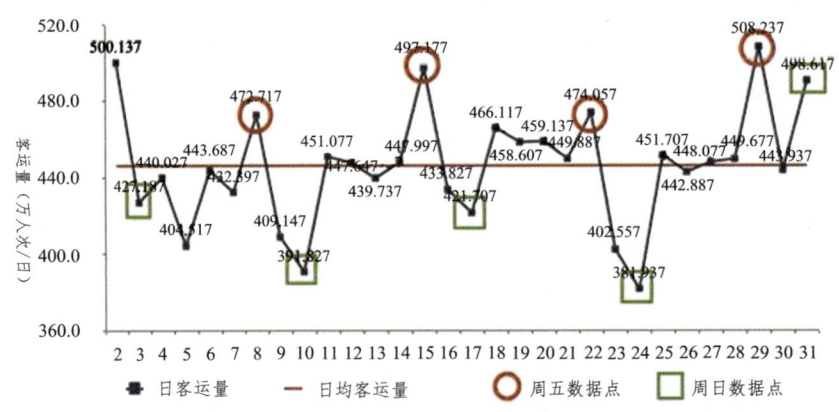

图 7-4 日客运量时间分布图

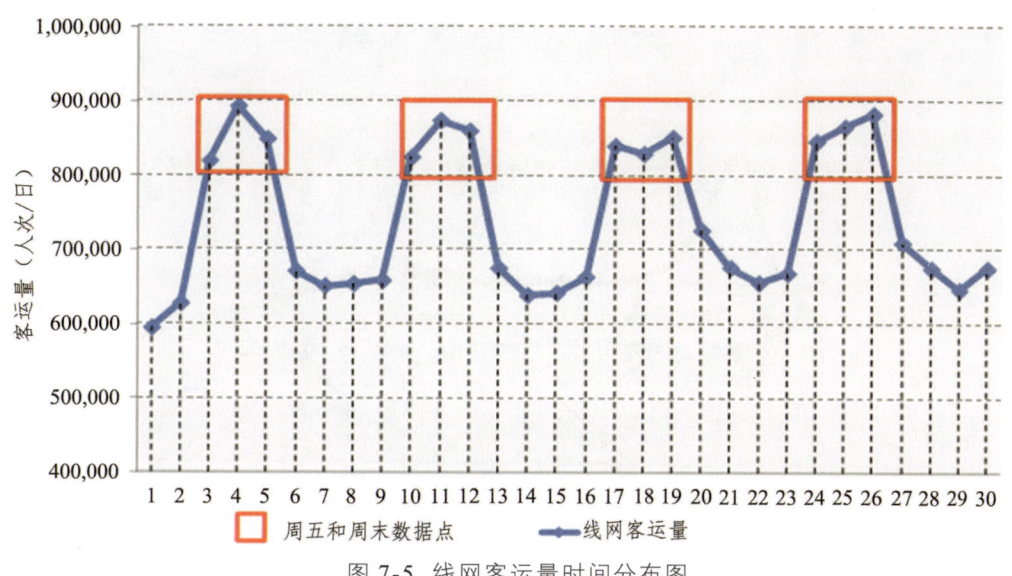

图 7-5 线网客运量时间分布图

（三）空间分布特性

1. 上下行分布特性

由于客流的流向原因，轨道交通线路上下行方向的最大断面客流一般不均衡，在大客流状态下，这一不均衡状态往往会因为客流出行目的一致、去向集中而加剧，导致线路上某一运行方向客流量远大于另一方向客流量。

2. 断面客流分布特性

大客流状态下，客流在交通集散点附近车站集中上下车，容易出现沿线个别站点客流集散量大，而其他站点客流量相对平稳的现象，以致断面客流分布不均衡。

3. 站内客流分布特性

大客流压力的直接承担对象是车站，车站内乘客流向及行程轨迹都会影响到运营组织方案尤其是车站客流组织方案的制订。在对车站内客流分布特征进行分析时，应特别注意客流在空间分布上的不均衡现象。这种不均衡现象体现在：经由不同出入口的客流不均衡、各个换乘方向的客流不均衡、通过不同收费区的客流不均衡、经过同一收费区不同检票机的客流不均衡和上下行方向的乘降客流不均衡等。

用地铁站点的客流量特点结合站点所在的片区功能定位，对地铁站点进行分类。本书通过对某地铁 22 个典型车站进出站及换乘客流分布规律的分析，将地铁站点分为以下几类。

（1）居住型。

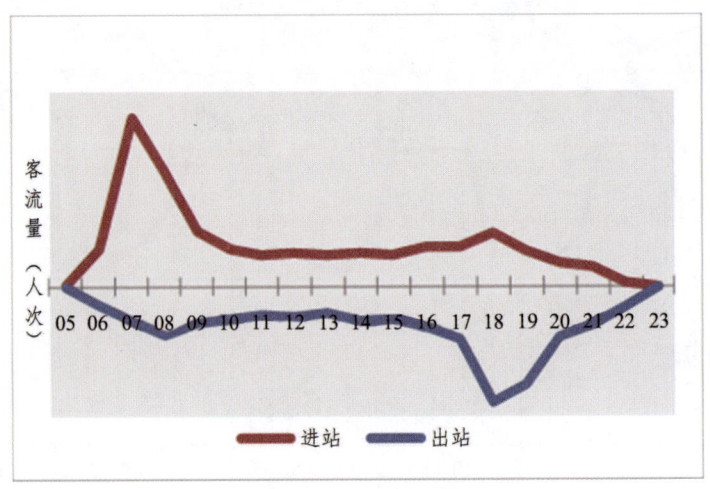

图 7-6 居住型车站

特点：该类型车站早高峰进站量大，晚高峰出站量大，全天的客流呈现出早晚单向高峰的分布特性。车站周边生活居住区较为集中。

客服策略：早高峰侧重进站闸机引导，晚高峰侧重出站闸机引导；早高峰侧重站台下行客流引导，晚高峰侧重站台上行客流引导。

（2）办公型。

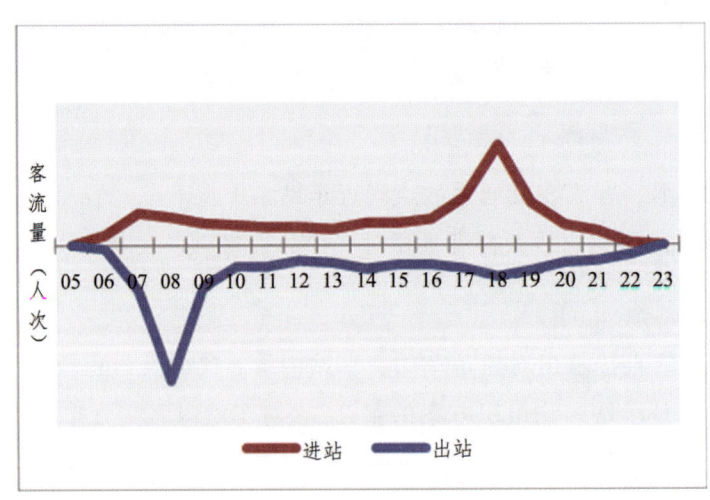

图 7-7 办公型车站

特点：该类型车站早高峰出站量大，晚高峰进站量大，全天的客流分布正好与居住型车站相反。车站周边一般是行政或商务办公聚集地。

客服策略：早高峰侧重出站闸机引导，晚高峰侧重进站闸机引导；早高峰侧重站台上行客流引导，晚高峰侧重站台下行客流引导。

（3）混合型。

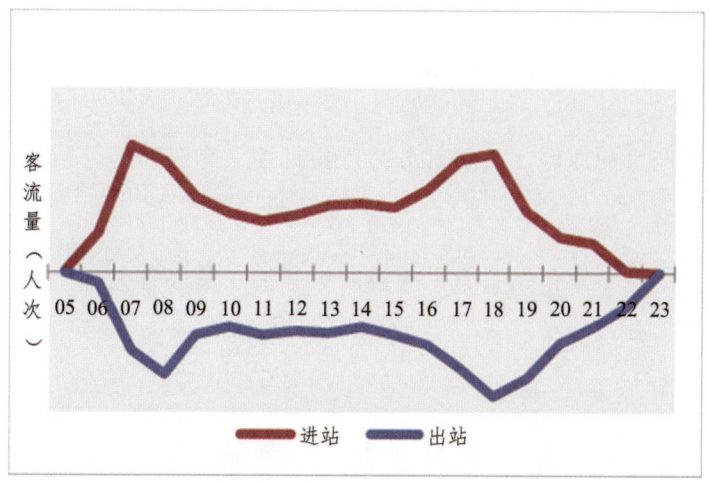

图 7-8 混合型车站

特点：该类型车站全天的客流分布呈明显的早晚双高峰特点，且进出站量相差不大。车站一般地处成熟的中心市区，周边配套齐全，商务办公和商业娱乐混合交叉。毗邻高校园区的车站也具有早晚高峰的特点，但是客流量要远小于中心市区的车站。

客服策略：全力保障早晚高峰，路网出行高峰就是车站客流高峰。

（4）均匀分布型。

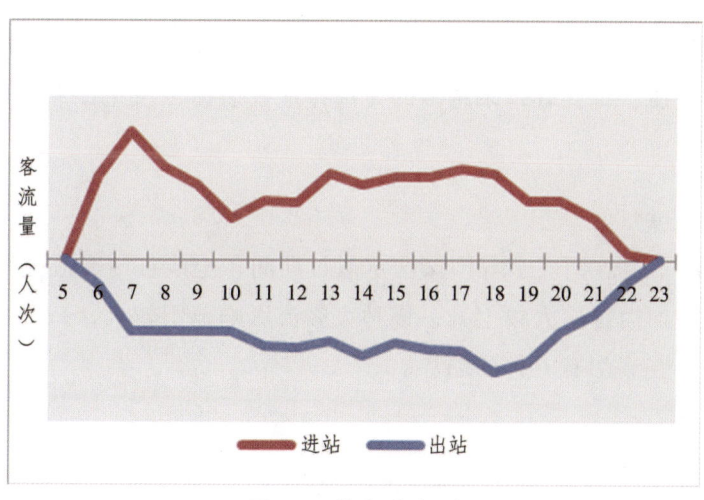

图 7-9 均匀分布型

特点：该类型车站客流除早晚高峰客流略微上升外，全天大部分时段客流分布较为平均（即高峰小时系数较低）。车站周边区域功能类型较多，典型的有大型交通枢纽、商圈聚集地、航空港新区等。

客服策略：客流全天均匀分布，节前重点"布防"，必要时启用客流控制。

第二节　大客流分类及产生原因

一、大客流分类

根据大客流产生的原因，可将其分为可预见性大客流和不可预见性大客流。

1. 可预见性大客流

可预见性大客流主要包括日常早晚高峰大客流、节假日大客流、大型活动大客流、恶劣天气大客流等。

2. 不可预见性大客流

不可预见性大客流主要包括临时大型活动大客流、天气突变大客流、地铁突发紧急事件大客流等。

二、大客流产生原因

城市轨道交通大客流的产生主要有以下几个原因。

1. 日常早晚高峰

城市轨道交通日常客流以上班、上学的通勤客流为主，该类客流出行具有明显规律性，在早晚时间段会出现客流高峰，呈潮汐循环。随着线网的逐步完善，线路的通达性大大增加，将会有越来越多的人选择地铁通勤，因此日常早晚高峰的客流将越来越大。

2. 节假日出行量增加

在元旦、端午节、国庆节等国家法定假日期间，全线各站客流会因为旅游、休闲娱乐活动的增加而普遍大幅上升，该种大客流影响范围较大，一般会影响到多条线路，并且全线客流都有上升的趋势。

3. 大型活动

随着国民经济的发展和人民生活水平的提高，人们的物质文化生活需求逐步提升，以城市大型文化体育活动、商业会展、博览会等为代表的大型活动的举办变得越来越多。此类活动的举办会引起大规模客流的集散，使得城市轨道交通线路客流量出现突变。

4. 恶劣天气

在发生大雨、大雪、大雾等恶劣天气时，地面交通受到严重影响，会有较多的市民选择地铁出行或者进入地铁车站躲避雨雪，造成地铁各个车站客流上升且影响范围比较广。

5. 突发紧急事件

地铁车站发生火灾、大面积停电、列车延误等事故时，会导致车站客流积压。一般而言，此类大客流的直接影响范围较小，但是波及范围较大，其影响程度视紧急事件性质的不同而不同，严重事故会导致行车中断甚至人员伤亡，引起客流混乱。在网络化运营情况下，任何一条线路出现事故，均会影响到其他线路的运营情况，波及范围极广。

第八章 车站能力计算

随着线网规模的不断扩大,客流量急剧增加的同时对车站设施设备的通过能力也提出了更高的要求,车站的客流量是否与各设备设施的通行能力相匹配、是否会出现拥堵的情况、拥堵主要集中在哪个部位等都成为了我们关注的重点。基于此,本章首先结合参考文献相关的调查数据和成果,罗列出各设备设施设计通行能力及实际通行能力的计算方法,并以换乘车站为例,核算两个车站的设计通行能力及实际通行能力。最后进行瓶颈的识别及换乘站的服务水平研究,找出车站客流进站、出站及换乘的瓶颈,以便决策人员针对瓶颈加大集散能力,提前做好应对大客流的组织措施。

第一节 车站通行能力

车站通行能力包括车站出入口通道通行能力、售票系统使用能力、安检设备通行能力、闸机通行能力以及楼梯/自动扶梯通行能力等。《地铁铁道设计规范》(GB 50157—92)规定了车站各部位的设计通过能力如表 8-1 所示。但是我们在地铁的实际运作中发现,车站各部位的通过能力往往达不到设计标准,实际通行的人流较设计通行能力在数量上有较大的差别,因此在制订大客流运营组织方法时,要在计算地铁车站设备设施设计通行能力的同时,有必要对涉及站点的各部分实际通过能力进行核算。

表 8-1 车站各部位设计通过能力

部位名称		每小时通过人数/人
1m 宽步行楼梯	下行	4 200
	上行	3 700
	双向混行	3 200

续表

1 m 宽通道		单向	5 000
		双向混行	4 000
1 m 宽自动扶梯		输送速度（0.5 m/s）	8 100
		输送速度（0.65 m/s）	9 600
人工售票口			1 200
自动售票口			300
人工检票口			2 600
自动检票口	三杆式	磁卡	1 500
		非接触 IC 卡	1 800
	门扉式	磁卡	1 800
		非接触 IC 卡	2 100

一、出入口通道通行能力

出入口通道设计通行能力主要由通道的数量及单个通道的通行能力所决定，即

$$C_p^{设计} = \sum_{j=1}^{n} \frac{d_j \times m_j}{3\,600}$$

式中　$C_p^{设计}$——出入口通道设计通行能力（人/s）；

　　　n——通道总数量；

　　　d_j——通道 j 的有效宽度（m）；

　　　m_j——通道 j 每小时设计通过人数（人/h）。

确定通道的实际通行能力时需要考虑通道的宽度、乘客的平均走行速度及平均每平方米能容纳乘客的数量等，即

$$C_p^{实际} = \sum_{j=1}^{n} d_j \times v \times \omega$$

式中　$C_p^{实际}$——出入口通道实际通行能力（人/s）；

　　　n——通道总数量；

　　　d_j——通道 j 的有效宽度（m）；

　　　v——通道内旅客平均走行速度（m/s）；

　　　ω——通道内平均每平方米能容纳乘客的数量（人/m²）。

根据现有的研究成果，单向通道的人均密度为 1.87 人/m²，平均速度为 0.63 m/s；

而双向混行通道中，由于乘客受到对向客流交叉的影响，会造成通道通行能力降低，取客流交叉影响系数 a_{jc} 为 0.2。

二、售票系统通行能力

售票系统设计通行能力的确定主要由售票窗口的数量及单个售票窗口的设计通行能力决定，即

$$C_{售票}^{设计} = \sum_{j=1}^{n} \frac{m_j}{3\,600}$$

式中　$C_{售票}^{设计}$——售票系统设计通行能力（人/s）；
　　　n——售票窗口（包括人工售票窗口和自动售票口）总数量；
　　　m_j——售票窗口 j 每小时设计通过人数（人/h）。

售票系统的实际通行能力与人为因素密切相关，如自动售票窗口的实际通行能力与乘客对设备的操作熟练程度相关，人工售票窗口的实际通行能力与售票人员的熟练程度相关。

某地铁全线各站均使用自动售票机售票，人工窗口不办理售票，只进行兑换零钱、更新、查询等乘客事务的处理工作，因此自动售票机（TVM）的通行能力即为售票系统的实际通行能力，即

$$C_{售票}^{实际} = \frac{n}{\overline{T}_{购票}}$$

式中　$C_{售票}^{实际}$——售票系统实际通行能力（人/s）；
　　　n——自动售票机总数量；
　　　$\overline{T}_{购票}$——自动售票机人均购票时长（人/s），该数据可通过实际测算得到，某地铁经测算比数据为 40 s。

三、安检设备通行能力

安检机是地铁车站增置的非固定式设备设施，是人为控制的。故在计算地铁设施设备通行能力和进行地铁静态瓶颈比较时可不将安检机的设计通行能力纳入比较范围，安检机是为保证地铁及乘客安全而设置的安检系统，其实际通行能力的大小是输送客流的重要影响因素之一，因此，安检设备的实际通行能力需纳入车站动态瓶颈的比较范围，安检设备的通行能力受车站安检方式、安检机传送速度、乘客通行速度等的影响，在确定车站实际客流疏导能力时，需对安检设备的通行能力进行核算。

在客流较大的车站，尤其是高峰时段，乘客进站安检时常常会遇到拥堵的情况，这已经成为影响车站通过能力的重要因素之一。某地铁常用的安检设备主要有行李安检机、安检门、金属探测器、液体检测仪等，一般情况下，乘客需使用行李安检机对乘客的行李进行检测及使用液体检测仪对乘客所携带的液体进行检测。行李安检机主要用来检测乘客的行李，携带行李的乘客通过安检机时间主要由三部分组成，即行李准备时间、行李传送时间、行李取回时间，部分乘客需加上检测液体时间。行李准备时间指乘客到达安检区域准备放下行李时刻起，到行李到达安检机辐射区入口的这段时间；行李传送时间指行李进入安检机辐射区开始到行李被传送出安检机辐射区为止的这段时间；行李取回时间指行李被传送出辐射区时刻起到乘客拿起行李准备离开安检区域的这段时间。检测液体时间指安检人员将乘客手中饮料或水放在检测仪上检测的时间。行李传送时间与安检机传送带速度和辐射区长度有关。进站时乘客排队接受行李安检，因此可将行李看成单队通过安检机，如图8-1所示。

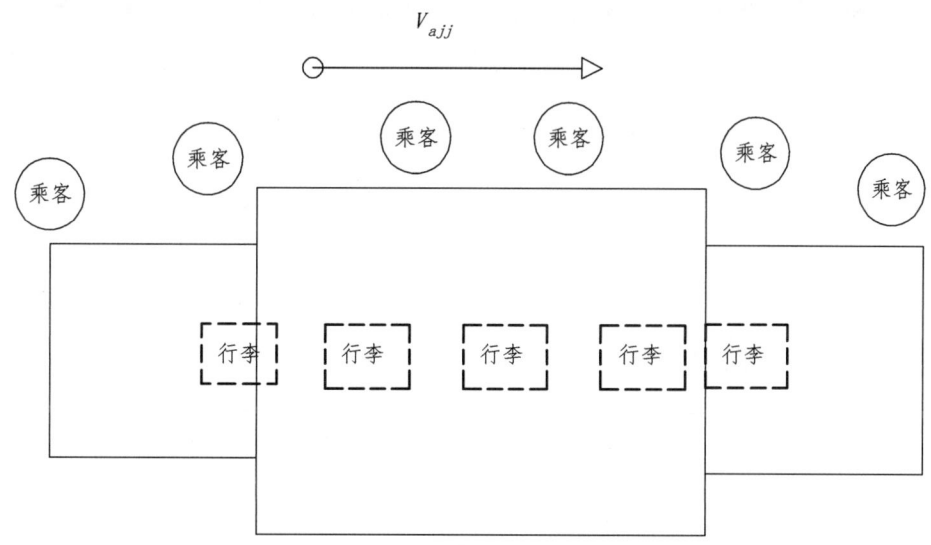

图 8-1　乘客行李安检模型

乘客携带的行李大小不一，所以通过时间只与传送带的长度有关，而与宽度无关。某地铁传送带的传送速度为 0.2～0.26 m/s，取均值 0.23 m/s，根据城市轨道交通相关调查数据乘客单独走行时的平均速度约为 1.34 m/s，远大于传送带速度，因此当携带行李的乘客从放下行李至走行到安检机另一端需等待一段时间才能取回行李，故不需要考虑乘客走行时间对行李安检的影响。由统计数据得到行李准备时间平均为 1.5 s，行李取回时间为 2.5 s，检测液体时间为 2 s，安检机辐射区长度为 160 cm。假设每件行李占用安检机传送带的平均长度为 L_{ajj}，每件行李需要的安检机传送时间可表示为：

表 8-2　每件行李安检机传送时间

项　目	行李准备时间（s）	行李传送时间（s）	行李取回时间（s）	检测液体时间（s）	总时间（s）
携带行李	1.5	6.95	2.5	0	10.95
携带行李+液体	1.5	6.95	2.5	2	12.95

未携带液体的乘客通过安检机的能力计算式为：

$$C'_{安检} = n \times \frac{\frac{L_{ajj}}{l_{xt}}}{t_{qj}} = n \times \frac{L_{ajj}}{l_{xl}(t_{xlzb} + t_{xlcx} + t_{xlqh})}$$

$$= n \times \frac{1.6}{l_{xl}(1.5 + 6.95 + 2.5)} = n \times \frac{0.124}{l_{xl}}$$

通过高峰时段进站客流调查，行李主要为手提包等小件物品，平均长度为 21.5 cm，携带液体的乘客占 15%，那么携带液体的乘客安检通过能力计算式为：

$$C^{实际}_{安检} = (1 - 0.15) \times N'_{安检} + 0.15 \times N'_{安检}$$

$$= n \times \frac{0.146 \times 0.85 \times 0.124 \times 0.15}{l_{xl}} = n \times \frac{0.145}{0.215}$$

$$= 0.66n \text{（人/s）}$$

四、闸机通行能力

闸机设计通行能力主要由闸机的数量及单个闸机的设计通行能力决定，即

$$C^{设计}_{闸机} = \sum_{j=1}^{n} \frac{m_j}{3\,600}$$

式中　$C^{设计}_{闸机}$——闸机设计通行能力（人/s）；

n——闸机总数量；

m_j——闸机 j 每小时设计通过人数（人/h）。

某地铁车站的自动检票机均为门扉式自动检票机，乘客进站时，自动检票机自动检验车票的合法性，出站时对乘客储值卡进行车费的划扣或回收单程票。

在参数规格方面，闸机箱体长度一般为 1.4 m，乘客刷卡后的开闸时间为 1 s。客流早高峰时段，某地铁车站在排队检票的过程中，大部分乘客并未等到前一位乘客完全走出自动检票机箱体后才进行刷卡，而是在前一位乘客走过门扉（箱体长度的 2/3 处）后就刷卡等待通过自动检票机，如图 8-2 所示。

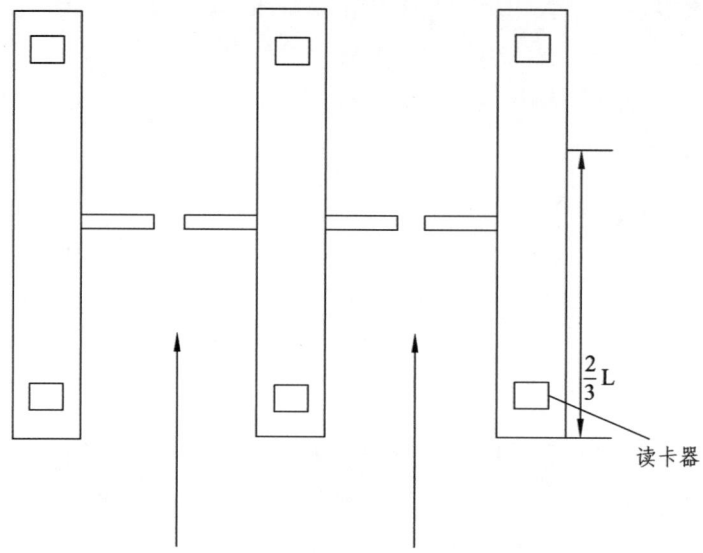

图 8-2 乘客检票流程示意图

相关统计数据表明，自动检票机打开门扉后乘客的平均反应时间为 0.5 s，乘客通过自动检票机的速度取 1.34 m/s，平均每一位乘客接受自动检票机服务时间为：

$$t_{zj} = t_{kz} + \frac{l_{zj} \times \frac{2}{3}}{v_{ck}} + t_{fy} = 1 + \frac{1.4 \times \frac{2}{3}}{1.34} + 0.5 = 2.2 \text{ s}$$

闸机的通过能力为：

$$C_{闸机}^{实际'} = \sum_{j=1}^{n} \overline{m}_j = \frac{1}{2.2} n = 0.45n \text{ (人/s)}$$

在车站实际检票过程中，存在部分乘客对自动检票机使用不熟练或其他原因造成检票时间的延误，取乘客检票延误系数为 0.05，则闸机的实际通行能力为：

$$C_{闸机}^{实际} = C_{闸机}^{实际'} \times (1 - \mu_{ywxs}) = n \times 0.45 \times (1 - 0.05) = 0.43n \text{ (人/s)}$$

（五）楼扶梯通行能力

楼扶梯包括步行楼梯和自动扶梯，其通行能力受制于楼梯的个数及单个楼梯通行能力，即

$$C_{梯}^{设计} = \sum_{j=1}^{n} \frac{d_j \times m_j}{3\ 600}$$

式中 $C_{梯}^{设计}$——楼扶梯设计通行能力（人/s）；

n——楼扶梯总数量；

d_j——楼扶梯 j 的有效宽度（m）；

m_j——楼扶梯 j 每小时设计通过人数（人/h）。

确定楼扶梯的实际通行能力需要考虑楼扶梯的宽度、乘客的平均走行速度及平均每平方米能容纳乘客的数量等，即

$$C_{梯}^{实际} = \sum_{j=1}^{n} d_j \times v \times \omega$$

式中　$C_{梯}^{实际}$——楼扶梯实际通行能力（人/s）；

　　　n——楼扶梯总数量；

　　　d_j——楼扶梯 j 的有效宽度（m）；

　　　v——楼扶梯内旅客平均走行速度（m/s）；

　　　ω——楼扶梯内平均每平方米能容纳的乘客数量（人/m²）。

因楼梯、扶梯乘客密度与速度的不同，分别计算实际通过能力。

1. 楼梯实际通行能力

通过对地铁站高峰时段客流进行调查统计，得知乘客在楼梯处最大密度为 1.55 人/m²，平均速度为 0.55 m/s，则楼梯的实际通行能力为：

$$C_{楼梯}^{实际} = \sum_{j=1}^{n} d_j \times v \times \rho = \sum_{j=1}^{n} d_j \times 1.55 \times 0.55 = \sum_{j=1}^{n} d_j \times 0.85$$

式中　$C_{楼梯}^{实际}$——楼梯实际通行能力（人/s）；

　　　n——楼梯总数量；

　　　d_j——楼梯 j 的有效宽度（m）；

　　　v——乘客在楼梯处的平均速度（m/s）；

　　　ρ——乘客在楼梯处的最大密度（人/m²）。

2. 自动扶梯实际通行能力

某地铁所使用的扶梯其宽度为 1 m，运送速度为 0.5 m/s，每节踏步长度为 0.4 m，假设自动扶梯每级踏步站立的人数为 k，则自动扶梯的输送能力即为乘客在自动扶梯的通行能力。

电梯制造与安装安全规范（GB 16899—1997）中指出，1 m 宽的自动扶梯的 k 取值为 2，然而在地铁站的实际应用中，由于受乘客性别和年龄的差异以及乘客携带行李的大小等因素的影响，自动扶梯上乘客间前后左右距离大小不一，每个踏步站立的人数也各不相同。在排队等待使用自动扶梯的情况下，一个踏步只站 1 个

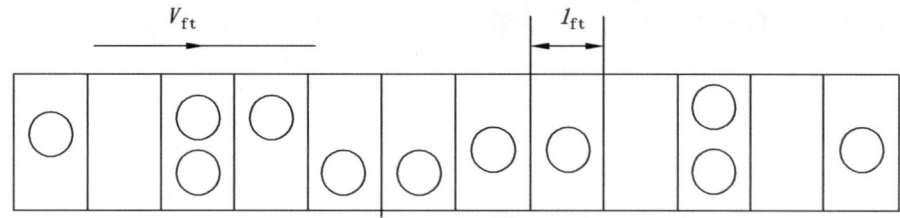

图 8-3 自动扶梯踏步站立情况

乘客的情况较多，因此，以 k 值取 2 来计算宽度为 1 m 的自动扶梯的实际通行能力并非合理，经对车站 25 地铁站调查统计当客流较大时，仍有 47% 的乘客选择一个踏步站立一人，53% 的乘客选择一个踏板站 2 人，由此可得扶梯的自动通过能力为：

$$C_{扶梯}^{实际} = \sum_{j=1}^{n} j \times 1.25k = \sum_{j=1}^{n} j \times 1.25 \times (1 \times 0.47 + 2 \times 0.53) = \sum_{j=1}^{n} j \times 1.91$$

其中 $C_{扶梯}^{实际}$ —— 扶梯实际通行能力（人/s）；

n —— 扶梯总数量。

经测算，某地铁双向步梯旅客平均走行速度为 0.55 m/s，双向步梯内平均每平方米容纳乘客的数量为 1.55 人；电梯运行速度为 0.5 m/s，自动扶梯内平均每平方米最多容纳的乘客数量约为 3 人。

二、空间容纳能力

空间容纳能力包含站台、站厅以及列车三个容纳能力。其中，站台和站厅的容纳能力主要与相关设施的面积和容积率有关，而列车在特定车站的输送能力则与列车的定员以及列车到站时的满载率有关。

（一）站台容纳能力

站台是列车停靠以及旅客乘降的场所，根据站台与线路的相对位置，可分为岛式站台、侧式站台及混合式站台。站台容量由站台的有效长度、宽度及旅客密度决定。

1. 岛式站台

$$V_{站台} = l \times (d - 2b) \times \omega$$

式中 $V_{站台}$ —— 站台容量（人）；

l —— 站台有效长度（m）；

d —— 站台宽度（m）；

b —— 站台安全防护宽度（m），《地铁设计规范》中规定站台安全防护宽度为 0.4 m；

ω —— 站台平均每平方米能容纳乘客的数量（人/m²），《地铁设计规范》中规定站台人流密度为 0.33~0.75 m²/人。

2. 侧式站台

$$V_{站台} = [l_1 \times (d_1 - b) + l_2 \times (d_2 - b)] \times \omega$$

式中　l_1，l_2 —— 每侧站台的有效长度（m）；
　　　d_1，d_2 —— 每侧站台的宽度（m）。

（二）站厅容纳能力

站厅是车站的管理及设备用房，主要用以集疏乘客、售检票和引导乘客分流等，分为付费区和非付费区，其容纳能力同样取决于站厅的有效容纳面积以及容纳率。

（三）列车容纳能力

影响列车容纳能力的主要因素包括列车定员以及列车到达该站时的满载率，即

$$V_{列车} = N_{定员} \times n \times (1 - P_{满}) + N_{下车}$$

式中　$V_{列车}$ —— 列车在某站的运输能力（人）；
　　　$N_{定员}$ —— 列车定员数（人）；
　　　n —— 列车编组数；
　　　$P_{满}$ —— 列车在某站的满载率；
　　　$N_{下车}$ —— 列车在某站的下车人数（人）。

列车容纳能力需分上下行分别进行计算，车站列车的容纳能力为上下行方向列车容纳能力之和。

车站最大客流疏导能力受制于上述通道通过能力以及空间容纳能力中的最小值，其最小值往往会成为车站客流组织的瓶颈环节，提高瓶颈环节的疏导能力能有效增加车站最大客流疏导能力，从而增大车站在大客流期间的客流容量。

三、案例分析

（一）车站基本概况——以车站 18 为例

车站 18 是某地铁 X 线和 Y 线的换乘站，位于市中心人流集中较繁华的地段，为地下四层，地下一层为车站转换厅，地下二层为 X、Y 线的共同站厅层，地下三层为 X 线车站站台层，地下四层为 Y 线车站站台层。

1. 出入口

车站18共有6个出入口,其出入口的相关信息如表8-3所示。

表8-3 车站18出入口相关信息

出入口	位置	宽度/m	地面信息	备注
A	金水东路南侧	8	紫荆山公园	
B	紫荆山路东侧	7.8	黄河博物馆	暂未开通
C	紫荆山路东侧	8.4	顺河路	
D	紫荆山路西侧	5.5	紫荆山百货	
E	紫荆山路与金水东路交叉口	8	紫荆山公园紫荆山立交	
F	紫荆山路东侧	5.5	黄河博物馆	

2. AFC系统

车站AFC系统主要由自动售票机(TVM)、闸机(AGM)、票务处理机(BOM)等组成,车站18AFC系统设备设置情况如表8-4所示。

表8-4 车站18AFC系统设备设置情况

名称	TVM	BOM	闸机		
			进站闸机	出站闸机	双向闸机
数量	28	6	11	25	11

3. 楼扶梯

楼梯主要包括步行楼梯和自动扶梯,车站18自动扶梯、步行楼梯设置情况如表8-5、8-6所示。

表8-5 车站18自动扶梯设置情况

编号	位置	宽度/m	编号	位置	宽度/m
1	C口(上)	1	14	负一层(E)通站厅(下)	1
2	C口(上)	1	15	负一层(车控室)通站厅(上)	1
3	C口(下)	1	16	负一层(车控室)通往站厅(上)	1
4	D口(上)	1	17	负一层(车控室)通往站厅(下)	1
5	D口(下)	1	18	站厅通X线站台(上)	1
6	E口(上)	1	19	站厅通X线站台(下)	1
7	E口(下)	1	20	站厅通X线站台(上)	1
8	F口(上)	1	21	站厅通X线站台(上)	1
9	F口(上)	1	22	站厅通X线站台(下)	1
10	F口(下)	1	23	站厅通Y线站台(上)	1
11	负一层(C)通站厅上	1	24	站厅通Y线站台(下)	1
12	负一层(C)通站厅下	1	25	站厅通Y线站台(上)	1
13	负一层(E)通站厅上	1	26	站厅通Y线站台(下)	1

表 8-6 车站 18 步行楼梯设置情况

编号	位 置	宽度/m	编号	位 置	宽度/m
1	A 口	7.3	9	负一层通往站厅	2.1
2	C 口	2.7	10	站厅通 X 线站台（下）	1.48
3	D 口	2.2	11	站厅通 X 线站台（下）	2.47
4	E 口	3.6	12	站厅通 X 线站台（下）	2.47
5	负一层（D）通站厅	2.3	13	站厅通 Y 线站台（下）	1.63
6	负一层（C）通站厅	3.24	14	站厅通往 Y 线站台（下）	1.53
7	负一层（E）通站厅	2.3	15	Y 线站台通往 X 线站台	2.8
8	负一层通站厅	2.56	16	Y 线站台通往 X 线站台	2.8

4. 站台层

车站 18 均采用岛式站台，站台标准段宽度为 17 m，站台有效长度为 120 m。

（二）车站客流设计疏导能力理论分析 —— 以车站 18 为例

1. 出入口

地面层至负一层一共有 6 个出入口，由 4 个宽 1 m 的电梯、4 个双向步梯组成，则地面层到负一层的设计通行能力为：

$$C_{出入口/下}^{设计} = \sum_{j=1}^{n} \frac{d_j \times m_j}{3\,600}$$

$$= \frac{8\,100 \times 4 + (7.3 + 2.7 + 2.2 + 2.6) \times 3\,200}{3\,600}$$

$$= 22.1\,(人/s)$$

负一层至地面 6 个出入口，由 6 个宽 1 m 的电梯、4 个双向步梯组成，则负一层到地面的设计通行能力为：

$$C_{出入口/上}^{设计} = \sum_{j=1}^{n} \frac{d_j \times m_j}{3\,600}$$

$$= \frac{8\,100 \times 6 + (7.3 + 2.7 + 2.2 + 2.6) \times 3\,200}{3\,600} = 26.6\,(人/s)$$

2. 通 道

连接负一层与出入口的通道均为双向混行，则通道设计通行能力为：

$$C_{通道}^{设计} = \sum_{j=1}^{n} \frac{d_j \times m_j}{3\,600} = \frac{(8 + 8.4 + 5.5 + 8 + 5.5) \times 4\,000}{3\,600} = 39.3\,(人/s)$$

3. 负一层与站厅

负一层与站厅上行由 4 个宽 1 m 的电梯、5 个双向步梯组成,则站厅到负一层的设计通行能力为:

$$C_{负一层—站厅/上}^{设计} = \sum_{j=1}^{n} \frac{d_j \times m_j}{3\,600}$$

$$= \frac{8\,100 \times 4 + (2.3 + 3.24 + 2.1 + 2.3 + 2.56) \times 3\,200}{3\,600} = 20.1\,(人/s)$$

负一层与站厅下行由 3 个宽 1 m 的电梯、5 个双向步梯组成,则负一层到站厅的设计通行能力为:

$$C_{负一层—站厅/下}^{设计} = \sum_{j=1}^{n} \frac{d_j \times m_j}{3\,600}$$

$$= \frac{8\,100 \times 3 + (2.3 + 3.24 + 2.1 + 2.3 + 2.56) \times 3\,200}{3\,600} = 17.8\,(人/s)$$

4. 站厅与 X 线站台

站厅与 X 线站台上行由 3 个宽 1 m 的电梯、3 个双向步梯组成,则 X 线站台到站厅的设计通行能力为:

$$C_{站厅—X线站台/上}^{设计} = \sum_{j=1}^{n} \frac{d_j \times m_j}{3\,600}$$

$$= \frac{8\,100 \times 3 + (1.48 + 2.47 + 2.47) \times 3\,200}{3\,600} = 12.4\,(人/s)$$

站厅与 X 线站台下行由两个宽 1 m 的电梯、3 个双向步梯组成,则站厅到 X 线站台的设计通行能力为:

$$C_{站厅—X线站台/下}^{设计} = \sum_{j=1}^{n} \frac{d_j \times m_j}{3\,600}$$

$$= \frac{8\,100 \times 2 + (2.47 + 2.47 + 1.48) \times 3\,200}{3\,600} = 10.2\,(人/s)$$

5. 站厅与 Y 线站台

站厅与 Y 线站台上行由 2 个宽 1 m 的电梯、2 个双向步梯组成,则 Y 线站台到站厅的设计通行能力为:

$$C_{站厅—X线站台/下}^{设计} = \sum_{j=1}^{n} \frac{d_j \times m_j}{3\,600}$$

$$= \frac{8\,100 \times 2 + (2.47 + 2.47 + 1.48) \times 3\,200}{3\,600} = 10.2\,(人/s)$$

站厅与 Y 线站台下行由 2 个宽 1 m 的电梯、2 个双向步梯组成，则站厅到 Y 线站台的设计通行能力为：

$$C^{设计}_{站厅—Y线站台/下} = \sum_{j=1}^{n} \frac{d_j \times m_j}{3\,600}$$

$$= \frac{8\,100 \times 2 + (1.65 + 1.53) \times 3\,200}{3\,600} = 7.3\,(人/s)$$

6．闸机通过能力

车站 18 共有 47 个闸机，其中进站方向闸机 17 个，出站闸机 30 个，则闸机的通过能力为：

$$C^{设计}_{闸机/出} = \sum_{j=1}^{n} \frac{m_j}{3\,600} = \frac{30 \times 1\,800}{3\,600} = 15\,(人/s)$$

$$C^{设计}_{闸机/进} = \sum_{j=1}^{n} \frac{m_j}{3\,600} = \frac{17 \times 1\,800}{3\,600} = 8.5\,(人/s)$$

7．X 线站台与 Y 线站台

Y 线站台通往 X 线站台设置了一个 T 型步梯，且单向，则 Y 线通往 X 线的通过能力为：

$$C^{设计}_{Y线站台—X线站台/上} = \sum_{j=1}^{n} \frac{d_j \times m_j}{3\,600} = \frac{(2.8 + 2.8) \times 3\,700}{3\,600} = 5.7\,(人/s)$$

8．站台通过能力

$$V_{站台} = l \times (d - 2b) \times \omega = 120 \times (17 - 0.4 \times 2) \times 3 = 5\,832\,(人)$$

9．列车输送能力

某地铁 X 线的列车定员为 1 460 人，列车满载率取 1.2，高峰大客流时段列车运行时间间隔最小值为 2 min 56 s。

$$C_{tra} = 1\,460 \times \left(\frac{60}{2.93}\right) \times 1.2 = 35\,877\,(人/h)$$

（三）车站客流疏导能力实际分析——以车站 18 为例

1．出入口

地面层至负一层共有 6 个出入口，由 4 个宽 1 m 的电梯、4 个双向步梯组成，则地面层到负一层的实际通行能力为：

$$C_{出入口/下}^{实际} = \sum_{j=1}^{n} d_j \times v \times w = \sum_{j=1}^{n} d_j \times 0.85 + 3 \times n$$
$$= (7.3 + 2.7 + 2.2 + 2.6) \times 0.85 + 3 \times 4$$
$$= 24.5 \ (人/s)$$

负一层至地面共有 6 个出入口，由 6 个宽 1 m 的电梯、4 个双向步梯组成，则负一层到地面的实际通行能力为：

$$C_{出入口/上}^{实际} = \sum_{j=1}^{n} d_j \times v \times w = \sum_{j=1}^{n} d_j \times 0.85 + 3 \times n$$
$$= (7.3 + 2.7 + 2.2 + 2.6) \times 0.85 + 3 \times 6$$
$$= 30.5 \ (人/s)$$

2. 通　道

连接负一层与出入口的通道均为双向混行，则通道实际通行能力为：

$$C_p^{实际} = \sum_{j=1}^{n} d_j \times 1.18 = (8 + 8.4 + 5.5 + 8 + 5.5) \times 0.94 = 33 \ (人/s)$$

3. 负一层与站厅

负一层与站厅上行由 4 个宽 1 m 的电梯、5 个双向步梯组成，则站厅到负一层的实际通行能力为：

$$C_{负一层—站厅/上}^{实际} = \sum_{j=1}^{n} d_j \times v \times w = \sum_{j=1}^{n} d_j \times 0.85 + 3 \times n$$
$$= (2.3 + 3.24 + 2.1 + 2.3 + 2.56) \times 0.85 + 3 \times 4$$
$$= 22.6 \ (人/s)$$

负一层与站厅下行由 3 个宽 1 m 的电梯、5 个双向步梯组成，则负一层到站厅的实际通行能力为：

$$C_{负一层—站厅/下}^{实际} = \sum_{j=1}^{n} d_j \times v \times w = \sum_{j=1}^{n} d_j \times 0.85 + 3 \times n$$
$$= (2.3 + 3.24 + 2.1 + 2.3 + 2.56) \times 0.85 + 3 \times 3$$
$$= 19.6 \ (人/s)$$

4. 站厅与 X 线站台

站厅与 X 线站台上行由 3 个宽 1 m 的电梯、3 个双向步梯组成，则 X 线站台到站厅的实际通行能力为：

$$C^{实际}_{站厅—X线站台/上} = \sum_{j=1}^{n} d_j \times v \times w = \sum_{j=1}^{n} d_j \times 0.85 + 3 \times n$$
$$= (1.48 + 2.47 + 2.47) \times 0.85 + 3 \times 3$$
$$= 14.4 \text{ (人/s)}$$

站厅与 X 线站台下行由 2 个宽 1 m 的电梯、3 个双向步梯组成,则站厅到 X 线站台的实际通行能力为:

$$C^{实际}_{站厅—X线站台/下} = \sum_{j=1}^{n} d_j \times v \times w = \sum_{j=1}^{n} d_j \times 0.85 + 3 \times n$$
$$= (1.48 + 2.47 + 2.47) \times 0.85 + 3 \times 2$$
$$= 11.4 \text{ (人/s)}$$

5. 站厅与 Y 线站台

站厅与 Y 线站台上行由 2 个宽 1 m 的电梯、2 个双向步梯组成,则 Y 线站台到站厅的实际通行能力为:

$$C^{实际}_{站厅—Y线站台/上} = \sum_{j=1}^{n} d_j \times v \times w = \sum_{j=1}^{n} d_j \times 0.85 + 3 \times n$$
$$= (1.63 + 1.53) \times 0.85 + 3 \times 2$$
$$= 8.7 \text{ (人/s)}$$

站厅与 Y 线站台下行由 2 个宽 1 m 的电梯、2 个双向步梯组成,则站厅到 Y 线站台的实际通行能力为:

$$C^{实际}_{站厅—Y线站台/下} = \sum_{j=1}^{n} d_j \times v \times w = \sum_{j=1}^{n} d_j \times 0.85 + 3 \times n$$
$$= (1.63 + 1.53) \times 0.85 + 3 \times 2$$
$$= 8.7 \text{ (人/s)}$$

6. 闸机通过能力

车站 18 共有 47 个闸机,其中进站方向闸机 17 个,出站闸机 30 个,则闸机的通过能力为:

$$C^{实际}_{闸机/出} = 0.43n = 0.43 \times 30 = 12.9 \text{ (人/s)}$$
$$C^{实际}_{闸机/进} = 0.43n = 0.43 \times 17 = 7.3 \text{ (人/s)}$$

7. 自动售票机与安检机

车站 18 一共有 28 个自动售票机,3 个安检机,则车站 18 自动售票机与安检机的通过能力分别为:

$$C_{售票}^{实际} = \frac{n}{T_{购票}} = \frac{28}{40} = 0.7 \text{ (人/s)}$$

$$C_{安检}^{实际} = 0.66n = 0.66 \times 3 = 1.98 \text{ (人/s)}$$

8．X 线站台与 Y 线站台

Y 线站台通往 X 线站台设置了一个 T 型步梯，且单向，则 Y 线通往 X 线的通过能力为：

$$C_{Y线站台—X线站台/上}^{实际} = \sum_{j=1}^{n} d_j \times v \times w = \sum_{j=1}^{n} d_j \times 0.85$$
$$= (2.8 + 2.8) \times 0.85 = 4.76 \text{ (人/s)}$$

9．列车输送能力

某地铁 X 线的列车定员为 1 460 人，列车满载率取 1.2，高峰大客流时段列车运行时间间隔最小值为 2 min 56 s，设车厢内有 40% 的乘客下车出站。

$$C_{tra}^{cc} = 1\ 460 \times \left(\frac{60}{2.93}\right) \times 1.2 \times 0.6 = 21\ 526 \text{ (人/h)}$$

$$C_{tra}^{dc} = 1\ 460 \times \left(\frac{60}{2.93}\right) \times 1.2 \times 0.4 = 14\ 351 \text{ (人/h)}$$

第二节　车站瓶颈分析

城市轨道交通系统运输能力瓶颈的定义为：城市轨道交通系统在没有加载客流的条件下运力资源配置最小，或在实际的运输生产过程中，满负荷运行的车站或线路。城市轨道交通运能瓶颈识别简单来说就是车站瓶颈识别，包括基于设备设施设计能力的静态瓶颈和基于敏感系数的动态瓶颈。

一、车站流线分析

（一）流线概念

现有的文献中，将流线定义为由于人类、车辆、物品的集散活动所产生的一定的流动过程和流动路线。流线的设计、组织是否合理，将直接影响到交通枢纽的作业效率和能力。

（二）流线分类

城市轨道交通车站中的流线分析主要基于人，即乘客，可将乘客在车站内的流线走向分为进站客流流线、出站客流流线和换乘客流流线。

1. 进站客流流线

乘客的进站在一天内或者一个时段内是随机的，客流可分为高峰时段客流及平峰时段客流，一般情况下进站流线如图8-4所示。

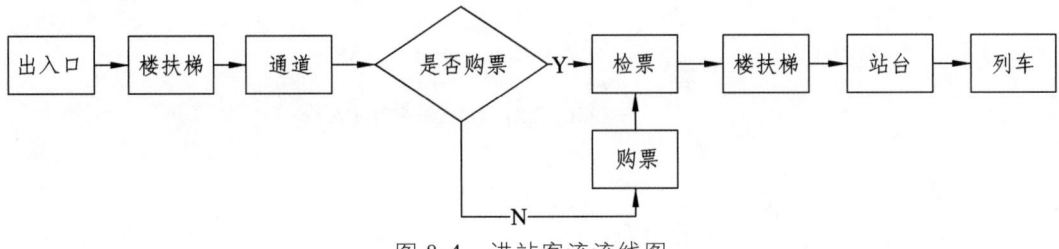

图8-4 进站客流流线图

2. 出站客流流线

乘客的出站行为具有一定的规律性，呈聚集状，即当列车到达车站后，乘客蜂拥而下，客流容易在这一时间段形成拥堵，这一现象在客流高峰时段尤其明显。出站流线一般情况下如图8-5所示。

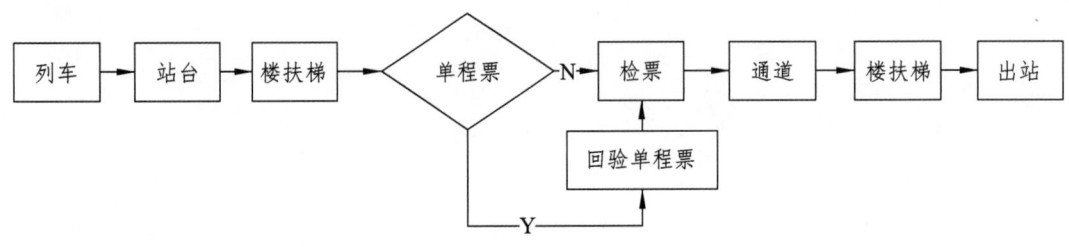

图8-5 出站客流流线图

3. 换乘客流流线

乘客的换乘规律与乘客出站情况类似，均是列车到达时的换乘数量呈突发性增长，短时间后换乘设备又恢复闲置状态，直至下趟列车到达。换乘客流流线如图8-6所示。

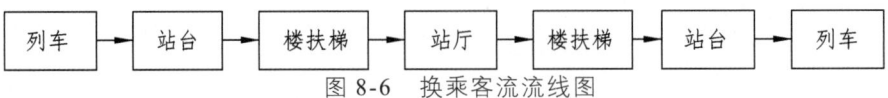

图8-6 换乘客流流线图

车站乘客通行所涉及的设施设备包括车站出入口、安检机、自动售检票系统、人工售票窗口、楼梯、自动扶梯、通道、站台、列车等，这些设备能力的大小以及能力匹配程度的高低直接影响着车站的瓶颈。以车站 18 为例，将其设备设施能力进行对比分析，得出其静态瓶颈和动态瓶颈。

二、静态瓶颈分析——以车站 18 为例

本章第一部分首先对进站客流流线、出站客流流线及换乘客流流线所涉及的设备设施进行理论疏导能力分析，计算出了车站各设备设施的理论最大通行能力，并将其进行对比分析，得到车站内理论通行能力最小的设备设施即是车站的静态瓶颈，其数学表达式为：

$$B_s = f_{\min s} = f_{\min}\{C_{闸机}^{设计}、C_{出入口}^{设计}、C_{站台\text{-}站厅}^{设计}、C_{通道}^{设计}、V_{站台}\}$$

式中　B_s——车站静态瓶颈；

　　　$f_{\min s}$——车站内设备设施静态通过能力的最小值（人/s）；

　　　$C_{闸机}^{设计}$——闸机通过能力（人/s）；

　　　$C_{出入口}^{设计}$——出入口楼扶梯通过能力（人/s）；

　　　$C_{站厅\text{-}站台}^{设计}$——站厅至站台楼扶梯的通过能力（人/s）；

　　　$C_{通道}^{设计}$——通道的通过能力（人/s）；

　　　$V_{站台}$——站台或站厅的容纳能力（人）。

以车站 18 为例，根据乘客进站客流流线（图 8-4）分析，乘客进站过程中会涉及的设备设施有出入口、楼扶梯（包括出入口至负一层楼扶梯、负一层至站厅楼扶梯、站厅至 X 线站台楼扶梯、站厅至 Y 线站台楼扶梯）、通道、自助售票机、进站闸机、站台等，将其理论疏导能力进行排序，结果如下：

$$C_{通道}^{设计} > C_{出入口/下}^{设计} > C_{负一层—站厅/下}^{设计} > C_{站厅—X线站台/下}^{设计} > C_{闸机/进}^{设计} > C_{站厅—Y线站台/下}^{设计}$$

根据乘客出站客流流线（图 8-5）分析，乘客出站过程中会涉及的设备设施有站台、楼扶梯（包括负一层至出入口楼扶梯、站厅至负一层楼扶梯、X 线站台至站厅楼扶梯、Y 线站台至站厅楼扶梯）、出站闸机、通道，将其理论疏导能力进行排序，结果如下：

$$C_{通道}^{设计} > C_{出入口/上}^{设计} > C_{负一层—站厅/上}^{设计} > C_{闸机/出}^{设计} > C_{站厅—X线站台/上}^{设计} > C_{站厅—Y线站台/上}^{设计}$$

根据乘客换乘客流流线（图 8-6）进行分析，乘客换乘过程中会涉及的设备设施有站台、楼扶梯（包括负一层至出入口楼扶梯、负一层至站厅楼扶梯、X 线站台至站厅楼扶梯、Y 线站台至站厅楼扶梯、Y 线站台至 X 线站台楼扶梯）、站厅等。

将其理论疏导能力进行排序如下：

X 线通往 Y 线：站厅 > 站台 > $C^{设计}_{站厅—X线站台/上}$ > $C^{设计}_{站厅—Y线站台/下}$，Y 线通往 X 线：站台 > $C^{实际}_{Y线站台—X线站台/上}$

由此可知，当客流较大时，理论上会在站厅与 X 线楼扶梯、站厅与 Y 线楼扶梯、Y 线通往 X 线站台的楼扶梯及闸机处产生拥堵，即为车站 18 的静态瓶颈。

三、动态瓶颈分析——以车站 18 为例

车站的设备设施的实际通过能力也是根据乘客动态走向来分析的，即进站客流流线、出站客流流线及换乘客流流线，当车站的集散能力满足客流需求时，根据木桶原理识别每一流线所涉及的车站设备设施的短板，其动态瓶颈的数学表达式为：

$$D_s = f_{\min s} = f_{\min}\{C^{实际}_{闸机}、C^{实际}_{出入口}、C^{实际}_{站台-站厅}、C^{实际}_{通道}、C_{站台}、C^{实际}_{安检机}、C^{实际}_{售票}\}$$

式中　D_s——车站动态瓶颈；

　　　$f_{\min s}$——车站内设备设施实际通过能力的最小值（人/s）；

　　　$C^{实际}_{闸机}$——闸机实际通过能力（人/s）；

　　　$C^{实际}_{出入口}$——出入口楼扶梯实际通过能力（人/s）；

　　　$C^{实际}_{站厅-站台}$——站厅至站台楼扶梯的实际通过能力（人/s）；

　　　$C^{实际}_{通道}$——通道的实际通过能力（人/s）；

　　　$C_{站台}$——站台或站厅的容纳能力（人）；

　　　$C^{实际}_{安检}$——安检机的实际通过能力（人/s）；

　　　$C^{实际}_{售票}$——自动售票机的实际通过能力（人/s）；

以车站 18 为例，根据对乘客进站客流流线（图 8-4）的分析，乘客进站会涉及的设备设施有出入口、楼扶梯（包括出入口至负一层楼扶梯、负一层至站厅楼扶梯、站厅至 X 线站台楼扶梯、站厅至 Y 线站台楼扶梯）、通道、自助售票机、进站闸机、站台等，将其实际疏导能力进行排序，结果如下：

$$C^{实际}_{通道} > C^{实际}_{出入口/下} > C^{实际}_{负一层-站厅} > C^{实际}_{站厅—X线站台/下} >$$
$$C^{实际}_{站厅—Y线站台/下} > C^{实际}_{闸机/进} > C^{实际}_{安检} > C^{实际}_{售票}$$

由此可见，当车站 18 的进站客流较大时，最先出现能力不足的是自动售票机，会出现排队较长的情况，而乘客携票进站时，会在安检机处产生拥堵，可能导致部分乘客无法进站，闸机处的通行能力比安检机处稍高，可能会出现短时间的拥堵。

通过对车站 18 进站客流流线进行分析，进站所涉及的设备设施符合客流控制

的规律,售票系统能力小于安检系统能力,减少了安检系统的压力,安检系统能力小于进站闸机能力,相应的减少了进站闸机的压力,以免造成乘客过多地拥挤在闸机处。即自动售票机、安检、闸机处是车站 18 的进站瓶颈。

根据对乘客出站客流流线(图 8-5)进行分析,乘客出站会涉及的设备设施有站台、楼扶梯(包括负一层至出入口楼扶梯、站厅至负一层楼扶梯、X 线站台至站厅楼扶梯、Y 线站台至站厅楼扶梯)、出站闸机、通道,将其实际疏导能力进行排序,结果如下:

$$C^{实际}_{通道} > C^{实际}_{出入口/上} > C^{实际}_{负一层—站厅/上} > C^{实际}_{站厅—X线站台/上} > C^{实际}_{闸机/出} > C^{实际}_{站厅—Y线站台/上}$$

由此可见,车站 18 的出站客流流线中,乘客最先拥堵在站厅通往 Y 线站台的楼扶梯处,当列车到达,乘客下车会在楼扶梯处出现短暂的拥堵,出站闸机的通过能力稍大,可能会导致乘客经过楼扶梯后拥堵在出站闸机处。即在 Y 线站台通往站厅的楼扶梯及出站闸机处是车站 18 的出站瓶颈。

将车站各设备设施从 X 线站台换乘到 Y 线站台的流线进行分析,结果如下:

$$C^{实际}_{站厅—X线站台/上} > C^{实际}_{站厅—Y线站台/下}$$

可知 X 线站台换乘到 Y 线站台的瓶颈在站厅通往 Y 线站台的楼扶梯处。

将车站各设备设施从 Y 线站台换乘到 X 线站台的流线进行分析,结果如下:

$$C^{实际}_{站厅—X线站台/下} > C^{实际}_{站厅—Y线站台/上} > C^{实际}_{Y线站台—X线站台/上}$$

则从 Y 线站台换乘到 X 线站台的瓶颈在通往 X 线站台的楼扶梯处。

综上所述,车站 18 瓶颈为安检、自动售票机、进出站闸机与站厅通往 X、Y 线楼扶梯处。因此,车站 18 应当在大客流高峰的到来前采取相应的措施,合理考虑站台的容纳能力与进出站闸机的通过能力,从源头的设备设施进行调控。

第三节 换乘站服务水平研究

地铁车站是地铁线网中的重要建筑物,为乘客提供乘降、候车及换乘等服务,是地铁系统对外服务的窗口,也是乘客体验地铁服务的首要环节。地铁换乘站相比普通车站复杂,两条或者多条线路乘客在此交汇,车站的管理难度大,换乘站服务水平的高低将直接影响整个地铁线网的服务水平。因此,准确评估地铁换乘站的服务水平,对改善服务质量,提高乘客的满意度,增强地铁运营企业自身的发展潜力具有现实意义。

目前，对于地铁车站服务水平的研究较少，更多是集中在铁路客运站服务水平的研究上。例如，灰色系统评价法、AHP层次分析法、模糊综合评价法等。层次分析法要求评价对象数量不能太多（一般不多于9个）；受人的主观影响太大，往往会由于人的主观判断失误导致决策失误。模糊综合评价法没有考虑主观因素在评价过程中造成的影响，导致评估结果的精确度和有效性相对欠缺。灰色系统评价法只能解决同一层级之间参变量的函数关系。灰色层次分析法有效地融合了层次分析法和灰色评价法，能够有效弥补单一评价方法的不足，更好地排除人为因素的影响，使评价结果更加准确，对于具有明显层次的复杂性系统有良好的适应性。

一、服务水平评价指标体系构建

建设地铁的目的就是为了满足城市居民的出行需求，因此以"乘客满意"作为建立服务水平评价指标体系的出发点，同时考虑到换乘站不同线路列车到达时间衔接匹配程度。通过分析换乘站服务特点、乘客乘车环节及换乘站行车组织，选定评价指标：进站服务水平、候车服务水平、出站服务水平、换乘服务水平（这里的换乘仅指地铁内部换乘，不包括地铁与常规公交的换乘）。结合GB/T 22486—2008《城市轨道交通客运服务》对上面四项评价指标进行细化，我们可以得到更进一层的子指标。基于以上的分析与细化，以"乘客满意"为出发点的地铁换乘站服务水平评价指标体系如表8-7所示。

表8-7 地铁换乘站服务水平评价指标体系

目标层（A）	准则层（B）	指标层（C_j）
地铁换乘站服务水平	进站服务水平	自动售票机购票是否便捷
		进站检票机检票是否便捷
		进站标识是否清晰
	候车服务水平	乘客候车环境状况
		乘客信息系统预报列车信息是否及时
		列车运行方向标识是否清晰
		组织乘客上下车是否有序
	出站服务水平	出站检票机检票是否便捷
		引导出站是否便捷
	换乘服务水平	换乘标识是否清晰
		人流交叉是否合理
		换乘列车行车间隔是否匹配
		换乘走行距离

二、基于灰色层次分析法的地铁换乘站服务水平评价模型

灰色层次评价模型是基于层次分析法和相关的灰色系统理论发展起来的，此模型的建立可以参考相关文献的内容。

（一）利用层次分析法确定评价指标的权重

层次分析法通过同一层两个指标的重要性对比，建立判断矩阵，用精确法或和积法计算相邻层次下层元素对于上层元素的相对权重。由于层次分析法的研究应用已十分成熟，计算过程在此不作过多描述。准则层相对于目标层的权重 $\omega = (0.076, 0.27, 0.122, 0.531)$，$\lambda_{\max} = 4.114$，$CI = 0.038$，$CR = 0.042 < 0.1$。指标层相对于准则层的权重

$$\omega_1 = (0.2, 0.4, 0.4), \quad \lambda_{\max} = 3, \quad CI = 0, \quad CR = 0 < 0.1$$

$$\omega_2 = (0.11, 0.16, 0.33, 0.4), \quad \lambda_{\max} = 4.011, \quad CI = 0.0037, \quad CR = 0.004 < 0.1$$

$$\omega_3 = (0.667, 0333), \quad \lambda_{\max} = 2, \quad CI = 0, \quad CR = 0 < 0.1$$

$$\omega_4 = (0.351, 0.188, 0.11, 0.351), \quad \lambda_{\max} = 4.011, \quad CI = 0.0037, \quad CR = 0.004 < 0.1$$

由于 CR 均小于 0.1，所以一致性是可以接受的。地铁换乘站不同于地铁一般的中间站，它的服务水平更多的取决于换乘过程的流畅性。从准则层相对于目标层的权重 ω 可以看出换乘服务水平的比重最大，显然这是符合实际的。最终指标层相对于目标层的权重：

$$S = (0.015\,200, 0.030\,400, 0.030\,400, 0.029\,700, 0.043\,200, 0.089\,100, 0.108\,000, 0.081\,374, 0.040\,626, 0.186\,381, 0.099\,828, 0.059\,410, 0.186\,381).$$

（二）确定评价等级

指标层的评价等级分为"优""良""中""差"，以 10 分制打分，$U = (10, 7, 5, 2)$，具体量化如表 8-8 所示。

表 8-8 指标层评价等级量化表

等级	差	中	良	优
打分	[0,2)	[2,5)	[5,7)	[7,10)

（三）确定评价灰类及白化权数

根据评价等级确定灰类为 4 类，相应的灰数为：

$$\otimes = (\otimes_1, \otimes_2, \otimes_3, \otimes_4) = (h_1, h_2, h_3, h_4)(h_1 < h_2 < h_3 < h_4)$$

根据评价等级，设定评价灰类为4类，即 $e = 1,2,3,4$ 分别代表服务水平为 "优""良""中""差"。对应的灰数及白化权函数具体算法见相关参考文献[46]，相应的灰数及白化权函数如下：

$e = 1$，设定 $\otimes_1 \in [0,10,+\infty]$，白化权函数为 f_1：

$$f_1(x) = \begin{cases} 0 & x \notin [0,+\infty] \\ \dfrac{x}{10} & x \in [0,10] \\ 1 & x \in [10,+\infty] \end{cases}$$

$e = 2$，设定 $\otimes_2 \in [0,7,14]$，白化权函数为 f_2：

$$f_2(x) = \begin{cases} 0 & x \notin [0,14] \\ \dfrac{x}{7} & x \in [0,7] \\ 2 - \dfrac{x}{7} & x \in [7,14] \end{cases}$$

$e = 3$，设定 $\otimes_3 \in [0,5,10]$，白化权函数为 f_3：

$$f_3(x) = \begin{cases} 0 & x \notin [0,10] \\ \dfrac{x}{5} & x \in [0,5] \\ 2 - \dfrac{x}{5} & x \in [5,10] \end{cases}$$

$e = 4$，设定 $\otimes_4 \in [0,2,4]$，白化权函数为 f_4：

$$f_4(x) = \begin{cases} 0 & x \notin [0,4] \\ 1 & x \in [0,2] \\ 2 - \dfrac{x}{2} & x \in [2,4] \end{cases}$$

给出把指标矩阵各个打分换算到 [0,1] 闭区间的标准函数，如图 8-7 所示。

（四）计算灰色评价系数和确定灰色评价权矩阵

对于评价指标 C_j 第 e 个评价灰类的评价系数为：

$$N_{je} = \sum_{n=1}^{m} f_e(d_{jn})$$

其中 $e = 1,2,3,4$

d_{jn}：第 n 个专家对评价指标 C_j 的评分。

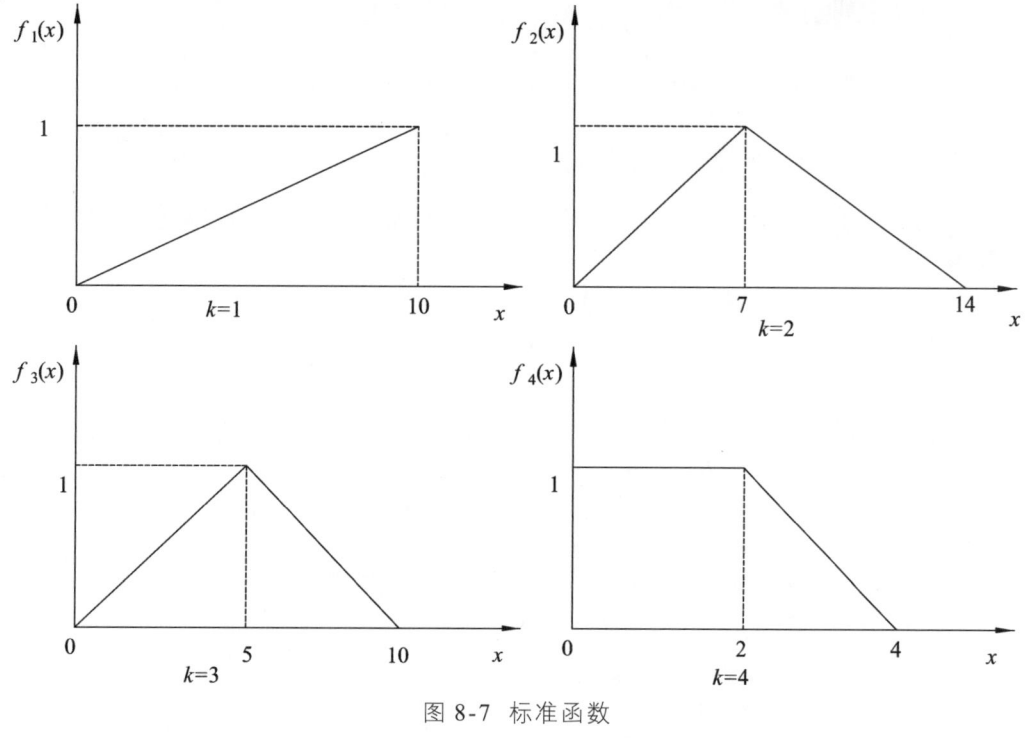

图 8-7 标准函数

则对于最底层评价指标 C_j 属于第 e 类评价灰类的灰色评价系数 r_{je} 和属于各个灰类的总灰色评价系数 N_j 分别为：

$$N_j = \sum_{e=1}^{4} N_{je}$$

$$r_{je} = \frac{N_{je}}{N_j}$$

则灰色评价权矩阵 **R**：

$$\boldsymbol{R} = \begin{bmatrix} r_{11} & r_{12} & r_{13} & r_{14} \\ r_{21} & r_{22} & r_{23} & r_{24} \\ \vdots & \vdots & \vdots & \vdots \\ r_{m1} & r_{m2} & r_{m3} & r_{m4} \end{bmatrix}$$

（五）综合评价

根据服务水平评价指标集合 U，确定地铁换乘站服务水平综合评价值 Z。

$$Z = \boldsymbol{S} \cdot \boldsymbol{R} \cdot \boldsymbol{U}^{\mathrm{T}}$$

三、案例分析

以某地铁换乘站为例，利用灰色层次分析法对其服务水平进行评价。

（一）确定评价样本矩阵

根据以上的评价等级标准，请5位地铁运营专家进行打分，可得到评价样本矩阵 D 为：

$$D = \begin{bmatrix} 6 & 5 & 6 & 5 & 7 \\ 7 & 5 & 5 & 7 & 6 \\ 5 & 4 & 5 & 6 & 5 \\ 5 & 6 & 3 & 4 & 5 \\ 4 & 5 & 4 & 3 & 5 \\ 7 & 5 & 6 & 5 & 7 \\ 4 & 3 & 6 & 5 & 5 \\ 5 & 7 & 8 & 6 & 7 \\ 7 & 8 & 7 & 5 & 6 \\ 6 & 6 & 4 & 5 & 4 \\ 6 & 5 & 5 & 4 & 4 \\ 5 & 4 & 4 & 4 & 5 \\ 5 & 5 & 5 & 4 & 4 \end{bmatrix}$$

（二）计算灰色评价权系数和灰色评价权重

对指标 C_1 来说，可得其第1个评价灰类的评价系数为：

$$N_{11} = \sum_{n=1}^{5} f_1(d_{1n}) = f_1(6) + f_1(5) + f_1(6) + f_1(5) + f_1(7) = 2.9$$

同理得，$N_{12} = 4.143$，$N_{13} = 3.2$ $N_{14} = 0$。

则可得 $N_1 = N_{11} + N_{12} + N_{13} + N_{14} = 10.243$。

则 $r_{1e} = (r_{11}, r_{12}, r_{13}, r_{14}) = \left(\dfrac{N_{11}}{N_1}, \dfrac{N_{12}}{N_1}, \dfrac{N_{13}}{N_1}, \dfrac{N_{14}}{N_1}\right) = (0.283, 0.404, 0.312, 0)$

同理 C_2，C_3，…，C_{13} 时可得 r_{2e}，r_{3e}，…，r_{13e}（e = 1，2，3，4）。

（三）计算灰色评价矩阵

根据计算结果可得服务水平评价指标的灰色评价矩阵：

$$R = \begin{bmatrix} 0.283 & 0.404 & 0.312 & 0 \\ 0.266 & 0.380 & 0.354 & 0 \\ 0.234 & 0.335 & 0.431 & 0 \\ 0.224 & 0.319 & 0.408 & 0.0486 \\ 0.214 & 0.306 & 0.429 & 0.0510 \\ 0.266 & 0.379 & 0.354 & 0 \\ 0.224 & 0.319 & 0.408 & 0.0486 \\ 0.296 & 0.398 & 0.305 & 0 \\ 0.296 & 0.398 & 0.305 & 0 \\ 0.243 & 0.348 & 0.409 & 0 \\ 0.235 & 0.335 & 0.430 & 0 \\ 0.226 & 0.323 & 0.452 & 0 \\ 0.226 & 0.323 & 0.452 & 0 \end{bmatrix}$$

（四）综合服务水平评价

$S \cdot R = (0.2435,\ 0.3514,\ 0.4019,\ 0.0089)$

$Z = S \cdot R \cdot U^{\mathrm{T}} = (0.2435,\ 0.3514,\ 0.4019,\ 0.0089) \cdot (10,\ 7,\ 5,\ 2)^{\mathrm{T}} = 6.94$

结合表8-8，从评价结果可以看出，该客运站的服务水平为"良"，乘客对该地铁换乘站的服务还算比较满意，符合实际。

第九章 客流控制

城市轨道交通客流控制是保证运行秩序和乘客安全的客运组织管控手段,目前由运营人员根据经验进行大客流辨识和客流控制决策的模式具有一定的主观性和滞后性。随着城市轨道交通网络化的快速发展,使得各车站之间的客流呈现不均衡的现象,部分车站高峰期大量乘客滞留已成为常态化现象,给日常的运营管理带来了极大的安全隐患。车站客流密集程度过高时,一旦发生轻微的扰动就极有可能导致群死群伤的踩踏事件发生,后果不堪设想。基于此,本章在客流传播的基础上分析乘客滞留的原因,并分析客流控制方法,确定客流控制协调的优化模型,最后进行模型验证,对生产有实际的指导意义。

第一节 客流控制目的

乘客滞留最根本的原因是区间运能运量矛盾突出。描述区间运能的指标称为输送能力,定义为轨道交通区间在单位时间内所能运送的最大乘客人数,主要影响因素为线路信号制式、列车定员等;而描述区间运量(运输需求)的指标为断面客流,定义为某一区间某分方向断面在某统计时段内通过的实际乘客数量,其影响因素主要是路网中的分时 OD 客流量、客流的走行路径以及旅行时间。因此,为了缓解高峰时段运能运量矛盾突出的现状,可从提高区间运输能力与限制区间运量两方面着手。但由于受到信号、车辆等基础设施的限制,高峰时段区间运能已经基本达到极限,所以对相关客流进行控制(限流)成为了有效措施。

客流控制策略在保证轨道交通安全运营的同时也在一定程度上增加了乘客延误。因此,轨道交通协调客流控制策略需要综合考虑客流安全以及减少对乘客出行的影响。客流控制策略按照实施范围的不同可以从车站客流组织策略、区间控制策略、线路运输组织控制策略三个方面入手。

（1）车站客流组织策略主要控制一定时间范围内进入特定设备设施的客流流速及总量，使客流在车站内安全、顺畅地流动。最为常见的车站客流控制策略是在进站口通过设置围栏控制进站客流的速度，以减少单位时间内车站外部需求的数量，缓解客流与车站能力在时间上不匹配的矛盾。换乘车站在换乘客流较大时，常采用动态调整换乘通道的宽度或者换乘的走行距离来控制换乘客流的流速，减轻换入方向站台及列车的压力，以确保换乘乘客的安全。

地铁车站还会在突发客流期间对闸机的数量和位置进行控制或配置。当车站内客流不能及时疏散，需要减慢进入车站的客流速度时，常利用调整闸机的使用数量来限制流量，或者在进站闸机处设置护栏分批进入、在闸机外的非付费区设置回形线路减缓进站客流速度等措施，保证站内付费区客流量的相对稳定和有序。

（2）区间控制策略主要控制列车在区间的运行速度和运行顺序，包括调整列车区间运行速度、列车越行两种。调整列车在区间的运行速度，以及当某些车站的上车乘客或下车乘客很少时，可减少列车在该站的停站时间，甚至不停站通过（即越行），都可以缩短乘客的旅行时间、加快乘客的转移速度，这些情况下的列车运行组织难度较大，可根据具体实际情况实施。

（3）线路运输组织控制策略主要控制列车在每个车站的到达和离开时间，以实现线路输送能力的调整和列车在各车站列车空闲能力（可上车的人数）的动态分配。包括加开列车、调整列车停站时间两种策略。加开列车实际上是为了增加线路输送能力，缓解车站站台候车压力和拥挤程度、加快车站客流的转移，从根本上解决运力与需求不匹配的矛盾。但由于突发客流期间，很多地铁线路的列车运行间隔时间已接近或达到最小间隔时间，无法通过加开列车来增加线路的输送能力。调整列车停站时间是为了缓解某些重要枢纽或者换乘站的客流压力，加快这些车站的客流转移速度，同时也增加了车站客流组织和行车组织的难度。这两种方法能够重新调整运力资源分配，缓解瓶颈断面的能力紧张问题。

车站客流组织策略主要是从控制需求总量的角度解决高峰时段内单个车站的进站客流量（或换乘客流量）与车站能力的不匹配问题，这类措施容易增加乘客在站外或站内的等待时间，没有提高线路的运输效率，不能从根本上解决运力与需求不匹配的矛盾，需要配合区间、线路组织策略共同使用。区间或线路的控制策略主要用来解决线路输送能力提升或者运力资源的优化配置问题。当列车开行间隔时间还能缩短时，可通过加开列车来提高线路输送能力；当列车开行间隔时间不能进一步减少时，可通过越行、动态调整停站时间等方法缩小瓶颈断面的满载率，减轻车站的客流组织压力。车站客流组织策略主要针对换乘站，可以增加换乘走行距离，在保证轨道交通安全运营的同时也在一定程度上缓解了乘客聚集现象。因此，轨道交通协调客流控制策略需要综合考虑客流安全、同时实现客运周转量最大化以及使乘客延误损失最小化的目标。

第二节　控制方法分析

城市轨道交通的基础网络可使用图论中的数据结构信息进行描述。将网络中的车站抽象成顶点 $V=\{v_1,v_2,\cdots,v_n\}$，则断面可抽象为连接它们的有向弧 $E=\{e_1,e_2,\cdots,e_n\}$，其中任意一条弧 e_k 与 V 中的元素有对应关系 $e_k=\langle v_i,v_j \rangle$，区间运能可抽象为有向弧 e_i 上的容量函数，记为 $C=\{c_{12},c_{23},\cdots,c_{ij}\}$，显然 $c_{ij} \neq c_{ji}$，同时将任一弧 $\langle v_i,v_j \rangle$ 上的断面客流记为 f_{ij}。将路网中换乘站看成不同线路的多个车站，如图 9-1 所示，由 A_2 和　　组成了路网中的换乘站，但在建模时应使用不同节点对其进行描述。

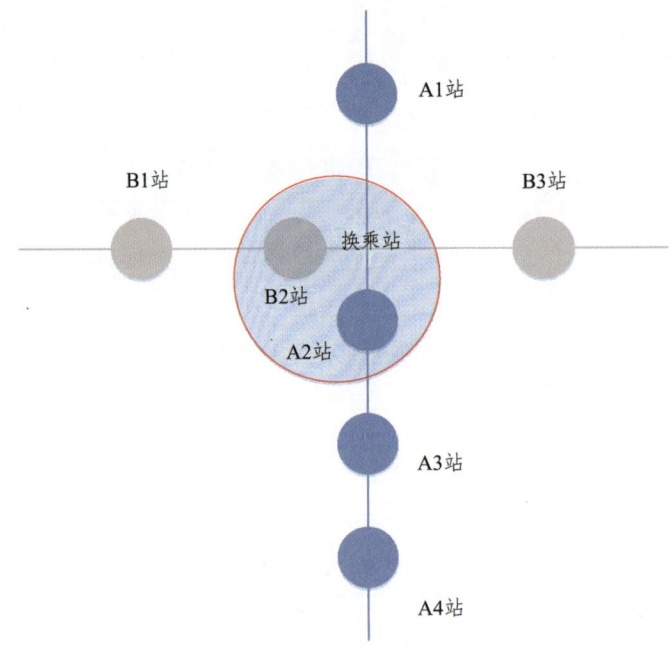

图 9-1　线网结构图

当轨道交通区间运能与运量矛盾达到饱和时，部分乘客无法上车，形成局部区间拥堵。网络化条件下，拥堵最初发生在路网中的某些断面，随着客流的不断变化，拥堵在网络中进行传播蔓延，若不采取有效控制，很有可能会导致路网中某些车站滞留的乘客超过警戒阈值，极易发生危险。

假定某轨道交通局部路网如图 9-2 所示。根据客流主要方向可看出：若 v_d 站进站客流较多时，断面 $\langle v_d, v_f \rangle$ 已达到饱和，则 X 线后续车站 v_f、v_h、v_a 等进站客流无法上车。同时，v_h 站的 Y 线换乘客流同样无法上车，从而滞留站台。

根据以上分析可看出：拥堵产生的原因是区间断面运能无法满足最大断面运量的需求，当任一断面满足 $D_{ij}^t > c_{ij}, \forall c_{ij} \in C$ 时会产生拥堵，其中 D_{ij}^t 为断面 $\langle v_i, v_j \rangle$ 在统计时段 t 内的运输需求。

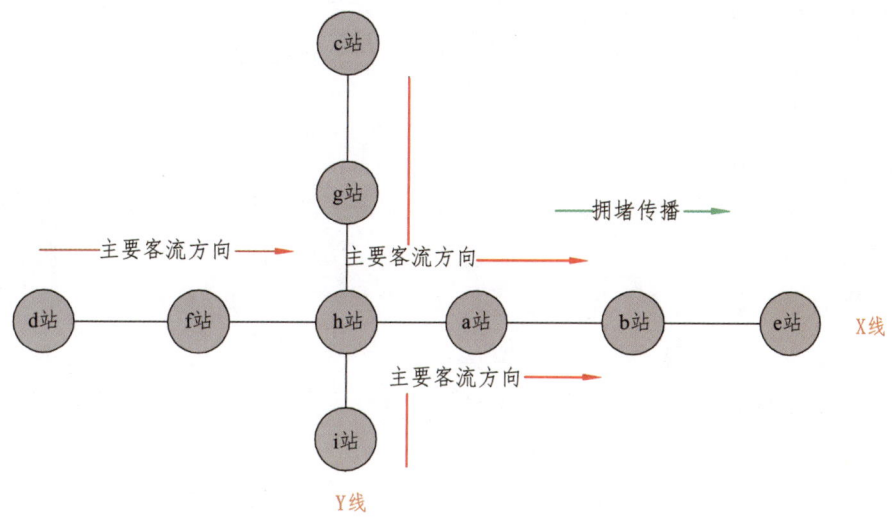

图 9-2 拥堵传播示意图

当网络中某条线路的车站发生滞留时，拥堵现象会随着列车运行方向进行传播，拥堵规模会快速增加。同时，由于列车实际停站过程受乘客上下车影响，当车站上下车乘客较多时，乘客无法在运行图规定的停站时间或最短停站时间内完成上下车作业，导致列车停站时间计划外延长。列车停站时间延长势必导致区间运能下降，从而产生更多的客流滞留站台，形成恶性循环。

第三节　客流控制协调优化模型

车站客流控制（限流）的主要目的是为了保证乘客出行安全，当在一定运输能力限制条件下，通过控制各站的进站、换乘客流规模，使得车站滞留客流量处于安全水平。同时，考虑到轨道交通的社会效益，应在保证安全的前提下最大限度地发挥运能。所以，优化模型应是在保证车站滞留规模安全的前提下，进行合理科学的客流控制。

每个控制时间段内采用多元非线性优化控制方法，求得车站最佳进站量。最佳进站量指的是在能够满足指定约束的条件下，单位时间内车站进站客流量的最大值。在这种情况下，车站产生的滞留客流量最小，客流能顺利进站并上车。在此基础上，通过最佳进站量计算出各车站限流率，结合各车站不同情况确定限流时间及限流强度，从而制订合理的客流控制方案，以达到缓解线网客流拥堵，提高轨道交通服务水平的目的。

在制做客流控制协调优化模型的过程中，首要目标是将列车满载率控制在合理的范围之内，其次应考虑列车运能的充分利用、乘客等待时间最小化等要素。

为达到上述目标，按优先级从大到小遵从以下三个原则。

原则一：现有满载率小于120%的区间不采取控制。

原则二：保证所有区间满载率小于120%。

原则三：最小化乘客等待时间。

原则一是出于对列车输送能力充分利用的考虑。针对某地铁而言，由于早高峰客流的主要目的方向在下行，如果对满载率小于120%的下行区间采取控制，即通过限流减少关联车站的上车人数，虽然能够为下行车站释放更多能力，但会造成整体上的列车输送能力浪费。

原则二的目的是确保所有区间的满载率在合理安全的范围之内，避免部分区间满载率过高。

原则三中最小化乘客等待时间是从乘客角度来整体提高地铁车站和线路的运营组织水平以及提升乘客服务满意度的必要要求。策略的调整应满足等待乘客登乘最近车次的列车。

一、约束条件

对于客流控制协调优化模型的建立有以下决策变量的约束条件。

（一）运输能力约束

线路输送能力受到列车定员、发车间隔、列车编组数、列车满载率等因素的影响。对于路网中任一断面，其输送乘客数应小于断面运能，则线路运输能力约束相关公式如下。

$$0 \leqslant f_{ij}^t \quad c_{ij}^t, \forall \langle v_i, v_j \rangle \in E$$

$$f_{ij}^t \leqslant c_{ij\max}^t \cdot P_{满} \quad \forall t \in T, i \in I$$

$$c_{ij\max}^t = n_{ij\max}^t \cdot n \cdot N_{定}$$

式中　f_{ij}^t —— 断面 $\langle v_i, v_j \rangle$ 在 t 时段内的实际断面客流量；

$c_{ij\max}^t$ —— 在 t 时段断面 $\langle v_i, v_j \rangle$ 的区间断面最大运能（人）；

T —— 突发客流影响时间长；

$n_{ij\max}^t$ —— 在 t 时段断面 $\langle v_i, v_j \rangle$ 的区间最大通过能力（列）；

$P_{满}$ —— 列车满载率；

n —— 列车编组数（节）；

$N_{定员}$ —— 列车定员数（人/节）。

（二）客流控制边界约束

协调客流控制策略中，每一车站在任一时刻的限流量不能多于相应的客流需求，同时也必须为非负数，如 $0 \leqslant L_i^t \leqslant U_i^t$，$\forall v_i \in V$，式中 U_i^t 为车站 v_i 在 t 时段内的进站量。

（三）守恒约束

对于轨道交通路网中任一节点，其客流必定满足守恒定律。t 时刻车站滞留的乘客数等于 $(t-1)$ 时刻乘客数减去列车的剩余运能（列车在该站台可以上车的人数）加上进站客流量再加上换乘客流量。

任一时刻任一站台滞留乘客数可用下式表示：

$$N_i^t = \max(N_i^{t-1} - c_{ij}^t + D_{ij}^t + \sum_{r<i} F_{r,i,j}^{t_1,t_2} + Q_{i,j}^t + H_{i,j}^t \times \lambda_i, 0), \ \forall v_i \in V$$

式中：$Q_{i,j}^t$ 为车站 v_i 在 t 时段内目的方向为上/下行的客流量（j 为 0—1 变量）；$H_{i,j}^t$ 为换乘车站 v_i 在 t 时段内换乘目的方向为上/下行的客流量；$F_{r,i,j}^{t_1,t_2}$ 为 t_1 时段从 r 站进站在 t_2 时段出现在断面 $\langle v_i, v_j \rangle$ 的客流量。

对线网中任一断面客流为 $f_{ij}^t = \max(D_{ij}^t, c_{ij}^t \times \alpha)$，$\forall \langle v_i, v_j \rangle \in E$。

（四）车站安全约束

客流密度是车站安全状态的重要监测依据。当滞留乘客达到一定密度时，乘客无法自由移动，冲突不断，极易造成群死群伤等重大安全事故。因此提出车站安全约束，即对线网中的站台，任一时刻其滞留人数不得超过安全阈值。则车站站台承载能力安全约束模型有：

$$0 \leqslant N_i^t / S_i \leqslant M, \ \forall v_i \in V, \ \forall t \in T$$

式中　N_i^t —— 车站 v_i 在 t 时段结束时的站台滞留人数（人）；

S_i —— 车站 v_i 的站台密度（人/m²）；

M —— 车站站台容纳乘客的有效面积（m²）。

（五）限流规模约束

对轨道交通路网中任一车站，其服务水平应保持在一定范围内，不得对某一车站限流量过多，则有 $\sum_t L_i^t \leq G_i, \forall v_i \in V$，式中 G_i 为路网节点 v_i 的最大客流控制量。

（六）基础设施设备约束

乘客在乘坐轨道交通过程中，单位时间内到达站台的客流不仅与限流策略有关，还与车站的基础设施设备有关。主要影响因素有：闸机通过能力、TVM 售票机通过能力、扶梯通过能力、换乘通过能力等。主要从网络角度考虑协调限流策略，则有 $\sum_t U_i^t \leq \theta \cdot U_i^{\max}, \forall i \in I$，式中 $U_i^{\max}$ 为车站 i 在单位时间内的最大输送能力；θ 为折减系数。

（七）客流需求约束

控制时段内的实际进站客流量包括新到达的客流和前一时段滞留的客流两部分，计算表达式如下：

$$U_i(t) = D_i(t) + S_i(t-1), \forall t \in T \text{ 且 } t > 1, i \in I$$

$$S_i(t-1) = U_i(t-1) - \bar{U}_i(t-1), \forall t \in T \text{ 且 } t > 1, i \in I$$

$$U_i(t) = D_i(t), t = 1, i \in I$$

式中　$U_i(t)$ —— 车站 i 在 t 时段的实际客流需求量；

$D_i(t)$ —— 车站 i 在 t 时段新到达的客流需求量；

$\bar{U}_i(t-1)$ —— 车站 i 在 $t-1$ 时段的最佳进站客流量；

$S_i(t-1)$ —— 车站 i 在 $t-1$ 时段的滞留量，可根据上一时刻实际客流需求及最佳进站量迭代计算。

二、目标函数

城市轨道交通的服务对象为乘客，在满足轨道交通车站安全的前提下，确定协调限流策略的主要依据是要对乘客的影响度最小。

模型目标函数为 $\min \sum_t \sum_i L_i^t \times w_i^t + \sum_t \sum_i P_i^t \times \delta_i^t \times \lambda_i^t$；式中 L_i^t 为车站 v_i 在控制时段 t 内的限流人数；w_i^t、δ_i^t 分别为每个车站的加权值；　为换乘车站 v_i 在 t 时段

内的换入客流限流数；λ_i 为描述车站 v_i 是否为换乘站，其为 0-1 变量。

目标函数：$\min \sum_t \sum_t L_i^t \times w_i^t + \sum_t \sum_t P_i^t \times \delta_i^t \times \lambda_i^t$

$St: 0 \leqslant f_{ij}^t \leqslant c_{ij}^t, \quad \forall \langle v_i, v_j \rangle \in E$

$0 \leqslant L_i^t \leqslant U_i^t, \quad \forall v_i \in V$

$0 \leqslant N_i^t / S_i \leqslant M, \quad \forall v_i \in V, \forall t \in T$

$\sum_t L_i^t \leqslant G_i, \quad \forall v_i \in V$

$\sum_t U_i^t \leqslant \theta \cdot U_i^{\max}, \quad \forall i \in I$

$U_i(t) = D_i(t) + S_i(t-1), \quad \forall t \in T \text{ 且 } t > 1, i \in I$

$S_i(t-1) = U_i(t-1) - \bar{U}_i(t-1), \quad \forall t \in T \text{ 且 } t > 1, i \in I$

$U_i(t) = D_i(t), \quad t = 1, i \in I$

第四节 模型验证

以某地铁 X 线下行方向工作日各车站的数据为例进行计算，本篇第三节客流控制原则中设定了满载率小于 120% 时不采取客流控制，但调查到某地铁的最大满载率为 98%，未超过 100%，所以实际案例中不以满载率 120% 为限，客流传播模型中定义当满载率大于 80% 拥挤度较高，会造成乘客的体验及舒适度降低。因此，以满载率小于 80% 进行客流控制模型的验证。

X 线目前采用 6 节编组的 B 型车，区间最大通过能力为 20 对 /h，最大满载率为 0.98，区间最大输送能力为 29 864 人 /h，其中 X 线的车站 18 为换乘站，换乘系数为 1.16。工作日早高峰时段为 07:00—09:00，选取集中高峰段 07:30—08:30，每 5 min 的 OD 数据作为模型输入数据，如表 9-1 所示，间隔 15 min 区间断面客流量如表 9-2 所示：

表 9-1　X 线高峰小时进站客流量

	07:30—07:35	07:35—07:40	07:40—07:45	07:45—07:50	07:50—07:55	07:55—08:00	08:00—08:05	08:05—08:10	08:10—08:15	08:15—08:20	08:20—08:25	08:25—08:30
车站 1	207	187	164	159	173	203	192	174	78	127	189	115
车站 2	43	50	53	54	70	45	40	51	28	27	44	47
车站 3	106	154	127	130	124	126	118	148	24	59	138	115
车站 4	59	90	92	84	60	94	92	91	22	54	80	33
车站 5	30	64	34	45	52	40	33	52	11	20	36	37

续表

	07:30—07:35	07:35—07:40	07:40—07:45	07:45—07:50	07:50—07:55	07:55—08:00	8:00—08:05	08:05—08:10	08:10—08:15	08:15—08:20	08:20—08:25	08:25—08:30
车站6	14	16	19	15	15	14	12	26	9	11	8	15
车站7	42	64	58	56	44	53	65	56	24	32	41	52
车站8	121	98	120	179	145	90	168	128	0	145	120	107
车站9	135	169	156	192	196	194	185	192	0	172	186	144
车站10	232	250	283	380	390	444	395	426	0	384	409	353
车站11	163	195	202	250	261	297	334	326	0	275	315	204
车站12	119	131	140	182	188	192	257	264	0	252	216	222
车站13	115	189	190	223	250	311	308	269	331	0	276	295
车站14	83	109	150	195	183	205	230	235	221	0	225	226
车站15	105	148	180	214	221	230	199	190	205	0	212	241
车站16	51	70	97	103	130	110	98	129	178	0	124	129
车站17	48	44	53	50	66	77	91	97	104	0	89	90
车站18	77	106	142	144	113	137	141	167	170	0	180	167
车站19	117	157	177	171	194	213	222	265	0	256	256	253
车站20	110	102	143	151	170	219	222	246	0	253	244	230
车站21	18	18	45	39	30	38	39	54	0	53	44	45
车站22	57	70	98	91	86	87	119	93	0	107	101	109
车站23	30	40	40	39	37	36	44	57	0	45	46	32
车站24	71	56	60	77	80	86	72	73	0	112	93	87
车站25	46	52	43	39	90	117	77	62	52	0	53	47
车站26	3	5	6	3	8	11	2	8	0	4	9	1
车站27	92	129	154	107	186	115	180	238	0	173	164	202
车站28	21	32	39	22	62	45	49	43	12	15	27	31
车站29	52	78	58	66	93	86	83	79	45	62	64	113

表 9-2 高峰小时 15 min 间隔区间断面客流量

	07:30—07:45	07:45—08:00	08:00—08:15	08:15—08:30
车站 1—车站 2	210	280	389	545
车站 2—车站 3	291	388	494	672
车站 3—车站 4	405	545	701	986
车站 4—车站 5	473	638	798	1 118
车站 5—车站 6	505	687	854	1 218
车站 6—车站 7	517	712	885	1 244
车站 7—车站 8	585	778	959	1 352
车站 8—车站 9	719	927	1164	1 678
车站 9—车站 10	875	1 168	1 405	2 104
车站 10—车站 11	1 088	1 602	1 837	2 917
车站 11—车站 12	1 223	1 873	2 104	3 482
车站 12—车站 13	1 350	2 063	2 315	3 850
车站 13—车站 14	1 516	2 354	2 624	4 469
车站 14—车站 15	1 573	2 542	2 752	4 848
车站 15—车站 16	1 818	2 795	3 006	5 085
车站 16—车站 17	1 838	2 771	2 981	4 998
车站 17—车站 18	1 796	2 766	2 961	5 075
车站 18—车站 19	1 873	2 883	3 181	5 999
车站 19—车站 20	1 855	2 627	3 091	5 811
车站 20—车站 21	1 756	2 426	2 918	5 202
车站 21—车站 22	1 536	1 981	2 399	3 852
车站 22—车站 23	1 401	1 746	2 165	3 460
车站 23—车站 24	1 099	1 306	1 774	1 598
车站 24—车站 25	949	917	1 342	1 397
车站 25—车站 26	299	576	433	655
车站 26—车站 27	284	563	410	587
车站 27—车站 28	154	194	157	337
车站 28—车站 29	42	31	57	43

利用 matlab 遗传算法以第三节约束条件为条件，对目标函数进行求解，保证客流控制人数最少，遗传算法是一种不断选择优良个体的算法，主要过程包括染色体的选择、交叉、变异，主要解决优化类问题，由于需要求的站点有 29 个，时间点有 12 个，再加上换乘车站 18 的换乘限流数有 12 个，因此需要求的未知数个数有：29×12 + 12 = 870，使用遗传算法获得 870 个未知数的值是有难度的，因此我们针对约束条件，首先对获得的数据进行处理。当读入断面客流量数据时，全部满足约束条件一，读入客流进站量后，我们发现在 29×12 共 858 个站点中，仅三个不满足约束条件四。因此我们需要对这三个不满足约束条件的站点使用遗传算法进行求解，此外对换乘车站的 12 个站点进行编码（其编码范围为 0～500），由于换乘车站适应度函数要求限流的和越小越好，对三个需要限流的站点进行编码之后，满足约束条件：限流量小于进站人数且进站人数不能大于最大运输能力，获得的结果如图 9-3 所示。此外，由于对不满足约束条件的个体添加了惩罚因子，因此使用轮盘赌的效果不好，我们的选择方式是使用改进后的轮盘赌，即对 popsize 中前 sel（70%）使用精英选，即全部选择，对剩余的个体随机选择。

经过多次迭代计算，得到最佳的客流控制策略方案如表 9-3 所示。

表 9-3　最佳客流控制表

	07:30—07:45	07:45—08:00	08:00—08:15	08:15—08:30
A_1	0	0	0	0
A_2	0	0	0	0
A_3	0	0	0	0
A_4	0	0	0	0
A_5	0	0	0	0
A_6	0	0	0	0
A_7	0	0	0	0
A_8	0	0	0	0
A_9	0	0	0	0
A_{10}	0	0	0	0
A_{11}	0	0	0	0
A_{12}	87	0	155	0
A_{13}	134	0	0	0
A_{14}	186	274	226	0
A_{15}	201	0	396	431

续表

A_{16}	237	246	0	302
A_{17}	210	257	396	0
A_{18}	232	213	396	0
A_{19}	267	0	242	0
A_{20}	0	63	0	0
A_{21}	0	0	0	0
A_{22}	0	0	0	0
A_{23}	0	0	0	0
A_{24}	0	0	0	0
A_{25}	0	0	0	0
A_{26}	0	0	0	0
A_{27}	0	0	0	0
A_{28}	0	0	0	0

由表9-3可知，当出现大客流时，可在依据表格在高峰时段进行控制客流，经过以对乘客影响程度最小为目标筛选后的客流进站可达到安全性、拥挤舒适度最佳的状态。

第四篇　设备应急篇

第十章　设备故障概述

城市轨道交通系统由大大小小的设备系统组成，例如车辆、信号、供电、环控、综合监控等。每一个设备系统，都可能发生不稳定、不可靠、不工作等形式多样的设备故障。每一个设备故障，都会对运营秩序带来或多或少的影响。各设备正常运转是地铁正常运营的基础，一旦发生故障，将对地铁运营带来直接影响。为了将每一类故障对运营的影响更直观地表现出来，本章针对故障种类进行分析汇总，对发生频率高或影响程度大的故障单独进行汇总分析，并根据故障对运营的影响进行相应的行车调整。

第一节　设备故障分类与影响

地铁运营相关设备故障数据显示，其常见的故障主要包括车辆类故障、信号类故障、供电类故障、机电类故障、工建类故障等。

一、车辆类故障

车辆是运输工作的载体，是行车组织的基础。对现有车辆故障进行分析汇总，对了解车辆性能、掌握故障特点、提高处置经验起到了不可替代的作用。车辆类故障主要包括机械部位故障、电气系统故障、制动系统故障、车门系统故障等，可能会造成列车火灾、列车脱轨、列车相撞等事故，引发拥挤踩踏等次生灾害。

二、信号类故障

地铁信号系统是一个集行车指挥和列车运行控制为一体的机电系统，是指挥列车的"中枢神经"系统。常见的信号类故障主要包括道岔失表、定位丢失、计轴故障、重启 CC 等，可能会直接关系到城市轨道交通系统的运营安全、运营效率以及服务质量。

三、供电类故障

地铁供电系统包括给地铁运行主体的车辆及辅助系统（如通信、信号、动力照明、环境控制等）提供电能的牵引供电和变配电系统。供电系统的主要风险有牵引供电系统、动力供电系统故障、接触网故障等，可能导致运营中断、列车停运、起火冒烟等运营突发事件发生，引发拥挤踩踏等次生灾害。

四、机电类故障

地铁机电设备包含在地铁的各个系统中，是包含有电与其他能量相互转换的电气和机械设备的总称，主要有电动扶梯、AFC（自动售检票）系统、屏蔽门、自动门、通风设备、给排水设备等机电设备。常见的机电类故障主要包括风水电类、FAS 类、屏蔽门类等。

五、工建类故障

线路系统的风险主要有钢轨折断、脱轨跑道、钢轨损伤、道岔尖轨损伤、道床病害等，可能造成列车延误、限速、停运，严重时可能引起列车脱轨等事故。

隧道结构系统的风险主要有漏水、涌水、涌沙、塌方等，可能造成列车延误、限速、停运，严重时可能引起列车脱轨等事故发生。

综上，无论是哪种故障，都将对城市轨道交通运营服务造成一定的影响，甚至会影响行车导致运营中断，从而导致轨道交通网的瘫痪，严重危及乘客及设备的安全，具体影响分类如图 10-1 所示。

第二节　某地铁设备故障统计

将某地铁一年内发生的设备故障数量按照专业分类统计汇总，根据处理设备故障的种类统计占比情况，结果如图 10-2 所示。

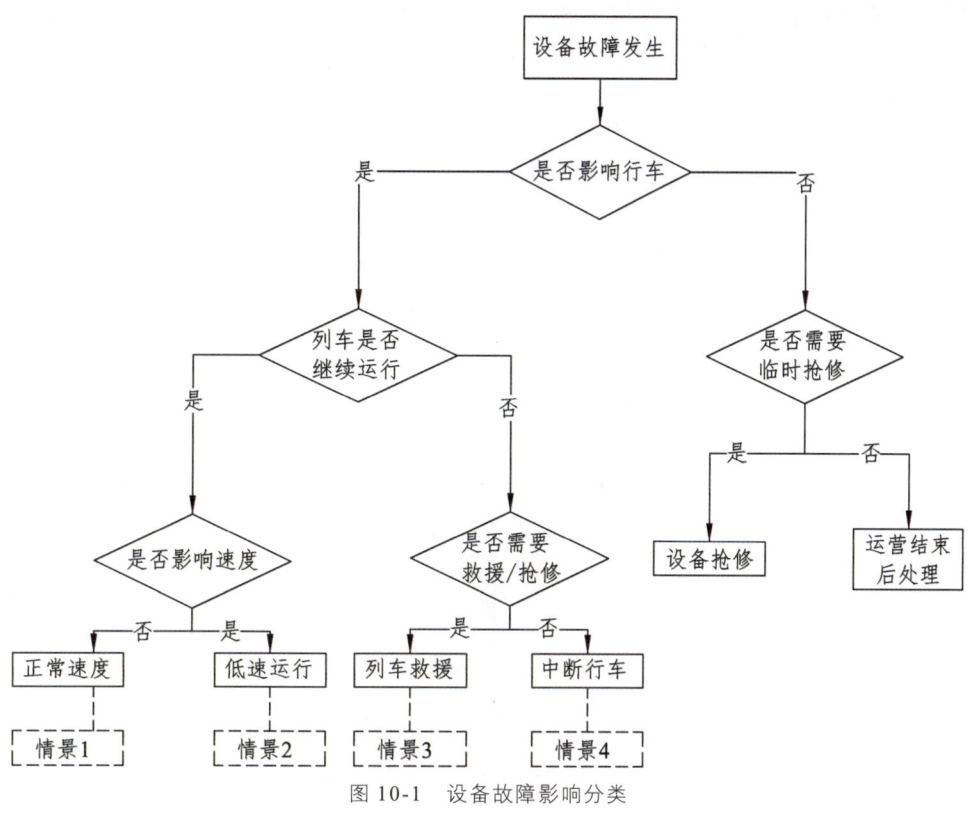

图 10-1　设备故障影响分类

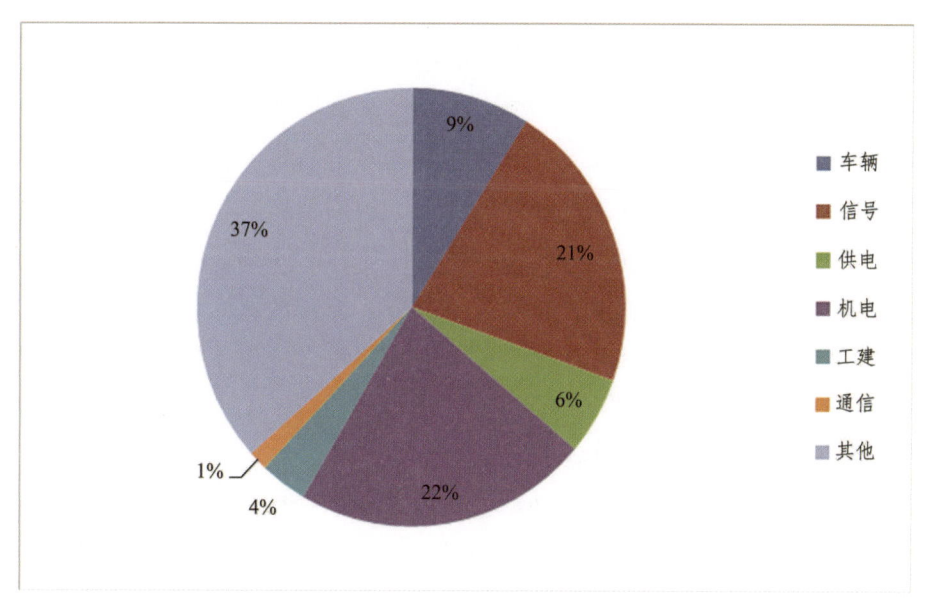

图 10-2　2017 年度故障总量按专业分类对比

从故障对比图可以看出，占比较大的几种故障分别是车辆故障、信号故障、机电故障及其他类故障，其中其他类故障主要包括辅助系统故障如接口故障、显示故障及异常等，机电类故障主要包括风水电类、FAS类、屏蔽门类等，子系统数量多且杂是机电故障及其他类型中的辅助系统故障占比较大的原因之一，现将故障种类根据其影响程度及发生频次进行综合类比，结果如图10-3所示。

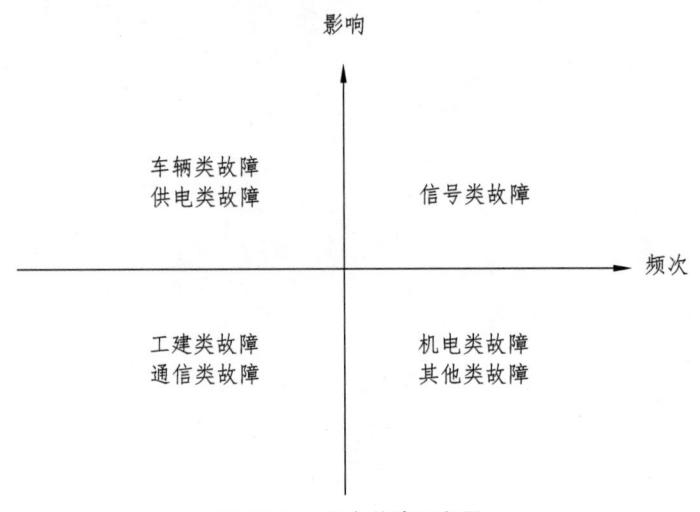

图10-3 设备故障四象限

由图10-3可以看出，信号类故障属于发生频率较高且影响程度较大的故障类型；车辆类故障及供电类故障属于发生频次不高但是影响较大的故障类型；机电类故障及其他辅助系统故障属于发生频次较高，但影响较小的故障类型；而工建类故障及通信类故障属于发生频次及影响都不高的故障类型。

由于设备故障发生，对行车、运营、安全等都有不同程度的影响，而影响较大的故障在处理过程中会更加的棘手，所以本篇着重分析影响较大的故障类型，如信号类故障、车辆类故障及供电类故障，对于频次较高但影响较小的故障类型如机电类故障主要涉及风水电、屏蔽门、FAS（火灾报警）、ISCS（综合监控）、电扶梯等多个系统，数量多而且造成相关的机电设备发生故障的原因也比较复杂多变，可能季节的不同、车站的湿度温度差异等都会造成机电设备出现异常，在一定程度上对运营造成的影响可控，对其进行重点检修及保养即可，不再重点分析。对于频次较低且影响较小的故障，同样不做重点分析。

根据历年车辆、信号、供电专业故障进行统计，每年发生的频率都相对稳定且有持续上升的趋势。因此，本书在对某地铁一年内设备故障数据统计的基础上，着重分析车辆、信号、供电设备故障对地铁安全运营的影响，并结合实例优化这三类设备故障场景情况下的行车调整方案，对比分析最优的行车调整方法，达到指导实际生产的作用。

第十一章　车辆类场景分析

车辆作为城市轨道交通的核心组成部分，是运输工作的载体，是行车组织的基础，其可靠性直接影响城市轨道交通能否安全、高效地运营。将城市轨道交通车辆运营过程中积累的故障数据进行分类统计分析，可以发现车辆的故障规律，从而指导车辆的维保作业，保障车辆能够安全可靠地运行。

城市轨道交通车辆故障类型较多，主要包括运行前故障及运行中故障。

（1）运行前故障。

城市轨道交通车辆故障在正常操作状态下也会发生故障，此类故障被称为运行前故障，主要有制动类故障、牵引类故障、车门类故障、启动联锁类故障、HSCB类故障、HMI故障等。

（2）运行中故障。

城市轨道车辆运行中故障可能会导致运营中断等，需要立即采取措施，尽量维持列车进站，做好救援准备，且在城市轨道交通运营过程中此类故障的发生概率较高，对运营的影响较大，主要有制动类故障、牵引类故障、车门故障、供风系统故障、空调系统故障、列车信息系统故障、辅助系统故障等。

第一节　车辆类故障汇总分析

随着地铁运营经验的增加，车辆种类及结构越来越复杂，功能越来越完善，自动化程度越来越高，车辆发生故障的概率也在逐渐增加，但故障发生的时间及类型具有规律性，可在汇总后总结其规律性。

一、按故障发生时间分析

将某地铁一年内的车辆故障按月份进行汇总，并根据时间段统计，如图11-1所示。

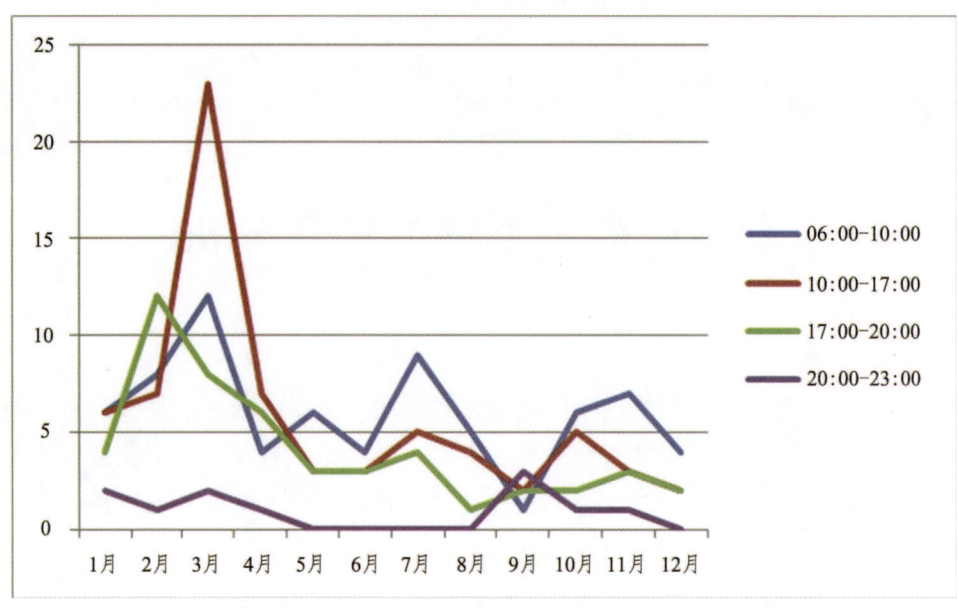

图 11-1　车辆故障年度按月统计图

由图 11-1 可知，车辆类故障在 3 月份达到最高，之后趋渐减少，而根据故障发生的时段，由于平峰时段横跨时间较长的原因，车辆故障发生在平峰时段的概率要高于其他时段；上半年早、晚高峰车辆发生故障的数量以 3 月份最为突出；下半年早高峰车辆发生故障的概率明显要高于晚高峰，且早高峰上升趋势明显，晚高峰下降趋势明显。

二、按故障类型分析

根据故障现象，对某地铁历年车辆故障进行分析汇总，主要划分成制动类、牵引类、车门类、HMI 及其他。其中，牵引类故障包括无牵引力、牵引图标红色等；制动类故障包括制动不缓解、制动灯故障、列车产生异常制动等；车门类故障包括单节车门故障、整列车门故障、单个车门故障等；HMI 类包括 HMI 黑屏自动重启、HMI 花屏、HMI 显示不正确等；其他类包括列车车辆照明故障、头灯故障、空调故障及辅逆故障等。

某地铁一年内的车辆故障现象分类如图 11-2 所示，因为将车辆照明故障、头灯故障、空调故障、辅逆故障等统一归为其他类故障，且该分类种类杂且多，故该类型故障占比最大，其次为广播类故障及车门故障，若将车辆故障根据其影响程度及发生频率进行四象限归类，可直观地明确影响大的故障，从而进行有针对性地重点把控，如图 11-3 所示。

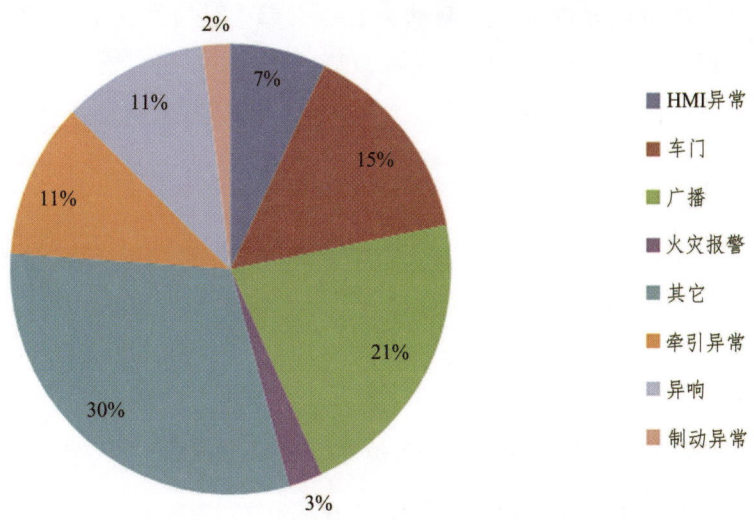

图 11-2　某地铁年度车辆故障现象分布图

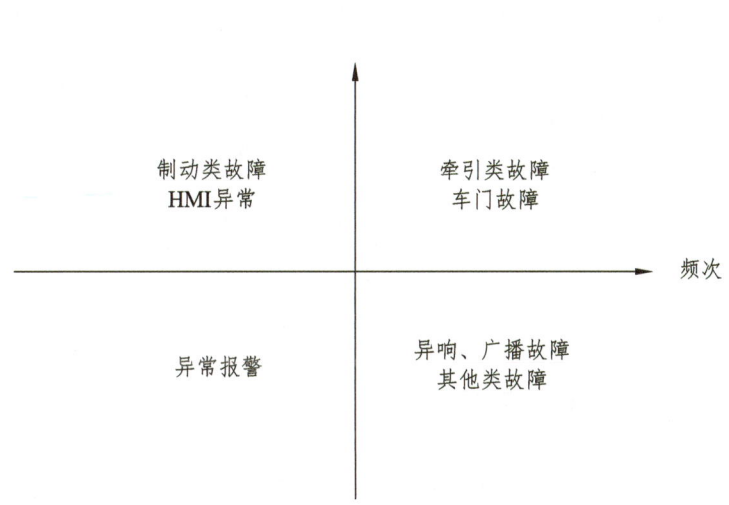

图 11-3　某地铁年度车辆故障四象限图

由此可以看出，牵引类故障及车门故障属于发生频率较高且影响程度较大的故障类型，如果处理不及时或者处理无效会引起列车救援，造成行车中断，从而扩大对运营的影响；制动类故障及 HMI 类故障属于发生频次不高但是影响较大的故障类型，同牵引类、车门故障影响类似，处理不及时或者处理无效也会引起列车救援；异响、广播故障及其他类故障属于发生频次较高，但影响较小的故障类型，一般处于可控状态，不会对运营造成过大的影响；而异常报警类故障一般属于假故障，否则可根据故障类型归为相关故障，对于假故障，属于发生频次及影响都不高的故障类型。

结合四象限图对比分析得知，制动类、牵引类、车门类及HMI类故障会对运营造成较大的影响，必须给予足够的重视，基于此，本章将可能导致救援的两个具体场景结合起来进行分析。

第二节 列车救援场景

一、行业内列车救援情况

（一）影响救援连挂效率的主要步骤

表11-1 国内相关地铁行业影响救援连挂效率主要步骤一览表

步骤	广州	深圳5号线	沈阳	杭州	苏州	郑州
规定时间未清客完毕是否载客救援	否	否	是	否	是	否
连挂完毕后是否需要汇报行调	否	是	是	是	是	是
救援车清客完毕后驾驶模式	ATO	NRM	NRM	NRM	ATO	NRM
连挂前救援车一度停车次数	1	2	2	2	2	2
救援车停车距离（m）	15/1	15/1~2	15/3	50/3	20/3	15/2~3
尾端连挂时故障车司机是否需要换端防护	是	是	是	是	是	是
故障车连挂前保留几节车常用制动	1	1	1	6	1	1

（二）主要作业环节及时间

表11-2 国内相关地铁行业列车救援的主要作业环节及时间说明表

步骤 \ 单位（min）	广州	深圳5号线	沈阳	杭州	苏州	郑州
故障判断和处理时间	6	7	6	8	7	7
救援车清客时间	2	2	2	2	2	2
故障车前方站清客时间	1	1	1	1	1	2
推进/牵引运行时间（含连挂）	x	x	x	x	x	x
故障车与救援车解钩时间	1	1	1	1	1	1
总体用时（救援车清客时间除外）	$8+x$	$9+x$	$8+x$	$10+x$	$9+x$	$10+x$

二、救援组织模式

（一）救援方式

1. 推进救援

在列车发生故障停在车站或区间时，行车调度会在第一时间做出行车调整，扣停后续列车，司机有一定的故障处理时间，当列车发生故障无法消除或已到达救援时间时，采用列车救援。

组织后续列车在扣停站清客，前往故障列车所在位置进行连挂，将故障列车推进至前方站清客，继续推进至存车线（折返线）。

2. 牵引救援

在列车发生故障时，行车调度会将后续列车扣停至后方车站，视情况对前方列车限速或扣车，当故障无法处理或已到达救援时间时，前方列车距故障列车已有一定距离，此时采用前方列车退行至故障车位置进行救援的方法。此种救援方法，除末班车、回厂车、邻线折返列车外，在时间与建议程度上均不优于推进救援。

3. 限速要求

列车救援时，救援列车驾驶模式须为 NRM 模式；电客车救援时前端牵引限速 30 km/h；前端驾驶室推进限速 25 km/h；后端驾驶室推进限速 10 km/h；电客车推进退行限速 10 km/h；电客车牵引退行限速 25 km/h；引导信号限速 25 km/h；电客车在辅助线上运行限速 15 km/h。

（二）救援地点

根据地铁线路设计以及故障车的存放地点的不同，地铁列车救援的基本行车组织模式有三种。

1. 故障点就近车站的存车线

在故障发生时，利用正常列车将故障列车推进或牵引至前方就近车站的存车线，采用这种救援方式，可减小救援过程的持续时间，降低对正常运营的影响。但在将故障车推进至存车线后，因存车线受线路长度制约，无法停放两列车，待故障车停稳后，需要解除连挂并退回至正线，从而会导致正线运营的二次中断并将持续一段时间，最终产生衍生的影响。

2. 车辆段或停车场

若故障点在离段/场较近的位置，可用正常列车与故障车连挂后直接运行至车辆段或停车场的模式。这种模式在实施前，对前后方的正常运行均有较大影响，直至出清正线为止。

3. 终点站折返线

故障发生时，亦可将故障列车推进至就近的终点站折返线。在双折返线的情况下可使用此种模式，但同时会降低此处的折返效率。

不同的救援组织模式，会因为故障点的不同、线路设计以及信号系统的制约条件等各种因素，从而在空间、时间上产生不同的效果，在救援时应择优选择，以达到尽快疏通线路的目标，恢复正常运行。

三、列车救援场景

（一）背　景

发生时间：工作日 17 时 58 分。
执行时刻表：Z1105，行车间隔 4 min 43 s，旅行速度 33.6 km/h。
故障车地点：12302 次出清车站 21 上行，在车站 21～车站 20 上行区间。
前车地点：10914 次出清车站 19 上行站台，在车站 19～车站 18 上行区间。
后车地点：11014 次在车站 23～车站 22 上行区间。

（二）事件概况

如图 11-4 所示为事发线路图及故障车位置，车站 21～车站 20 上行区间 12302 次（0121 车）产生 FSB，HMI 显示 ATO 轻级故障。司机以 ATP 模式动车后再次产生 FSB。转 ATP 模式、RM 模式仍无法缓解 FSB。司机切除 ATP 后列车以 NRM 模式仍无法动车。操作紧急牵引后仍无法动车。行调组织车站 21 上行线 11014 次（0119 车）清客完毕后改开 601 次担任救援列车。将故障列车推进至车站 14 存车线Ⅱ道停稳后，组织救援列车 0119 车司机解钩后不换端以 NRM 模式退行至车站 14 上行线，以 ATP 模式空车运行至车站 11 上行线投入载客服务。

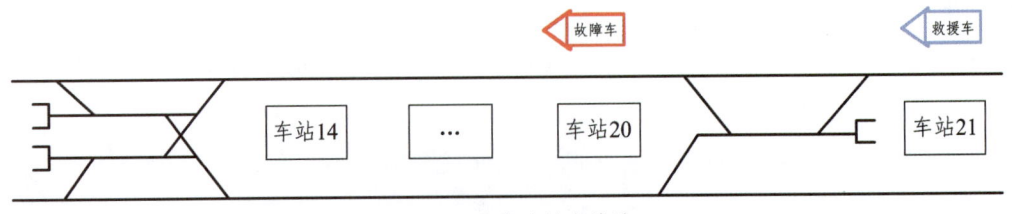

图 11-4　事发生地点线路

（三）救援方案探讨

1. 列车救援具体方案如下：

（1）方案一：将故障车推至车站 14 存车线。

车站 21 上行线 11014 次改开 601 次担任救援车对车站 21～车站 20 上行区间的 12302 次故障车进行救援。

与故障车连挂完毕后推进至车站 20 上行线清客。

在车站 20 上行线清客完毕后，601 次继续推进至车站 14 存车线 II 道停稳解钩。

救援车不换端以 NRM 模式后退至车站 14 上行线恢复 ATP，以 ATP 模式空车运行至车站 11 上行线投入载客服务。

（2）方案二：将故障车推至停车场。

方案二与方案一类似，601 次继续推进至停车场停稳解钩。

（3）方案三：将故障车牵引至车站 20 存车线。

车站 21 上行线 11014 次改开 601 次担任救援车对车站 21～车站 20 上行区间的 12302 次故障车进行救援。

与故障车连挂完毕后推进至车站 20 上行线清客。

在车站 20 上行线清客完毕后 601 次继续推进至出清车站 21～车站 20 上行区间后换端。

601 次牵引至车站 20 存车线停稳解钩。

救援车以 NRM 模式运行至车站 21 上行后换端恢复 ATP。以 ATP 模式空车运行至车站 20 上行投入载客服务。

2. 方案对比分析

（1）处置过程对比。

参照案例各步骤的实际时间对比各方案处置时间如表 11-3 所示。

表 11-3 各方案处置对比说明

方案名称		方案一	方案二	方案三
方案概述		推至车站 14 存 II	推至停车场	牵引至车站 20 存车线
清客	故障车	车站 20	车站 20	车站 20
	救援车	车站 21	车站 21	车站 21

续表

方案名称		方案一	方案二	方案三
救援车运行路径（主要处置步骤）	第1步	17时58分故障发生		
	第2步	18时05分启动救援程序		
	第3步	18时05分发布救援令、救援车清客		
	第4步	18时08分救援车清客完毕		
	第5步	18时13分救援车与故障车连挂完毕		
	第6步	18时18分救援车动车		
	第7步	18时21分故障车车站20停稳、开始清客		
	第8步	18时26分故障车清客完毕		
	第9步	18时33分救援车车站17停稳		18时27分救援车车站20上行停稳
	第10步	18时40分救援车车站17动车		18时29分救援车换端完毕
	第11步	18时48分救援车通过车站14上行		18时35分故障车车站20存车线停稳
	第12步	18时54分救援车车站14存Ⅱ停稳	19时02分救援车通过转换轨	18时38分救援车解钩完毕
	第13步	18时57分救援车解钩完毕		18时44分救援车车站21上行停稳
	第14步	19时00分救援车车站14上行停稳		

（2）影响对比

影响对比如表11-4所示。

表11-4 影响对比表说明

方案名称	方案一	方案二	方案三
中断行车	28 min	28 min	46 min
处置时间	62 min	64 min	46 min
优点	避免中断行车时间过长	避免中断行车时间过长 使故障车尽早得到处置 避免隐患停留正线	运营秩序最快恢复
缺点	运营秩序恢复慢	救援车推进距离长 运营秩序恢复慢	中断行车时间最长

四、救援方案优化

(一)救援程序时间参数

基于以上描述场景,针对三种方案建立基于调度指挥的处置过程时间参数集,具体如表 11-5 所示。

表 11-5 救援处置过程时间参数说明

序号	步　骤	方案二	方案一	方案三
1	故障发生处置时间	t_0	t_0	t_0
2	启动救援程序发布救援令	t_1	t_1	t_1
3	救援车清客	t_2	t_2	t_2
4	救援车动车至连挂地点	t_3	t_3	t_3
5	救援车与故障车连挂并试拉	t_4	t_4	t_4
6	救援车换端	0	0	0
7	救援车动车	t_6	t_6	t_6
8	故障车至清客地点停稳	t_7	t_7	t_7
9	故障车清客	t_2	t_2	t_2
10	救援车到达指定地点	0	0	t_8
11	救援车换端	0	0	t_5
12	牵引/推进故障车至指定地点	t_{11}	t_{10}	t_9
13	解　钩	0	t_{12}	t_{12}
14	救援车运行至指定地点	0	t_{14}	t_{13}
15	救援车换端恢复 ATP	0	0	t_{15}

上述参数集中需要说明的问题如下。

(1)启动救援程序之前,已做好救援预想,并将救援车扣停在指定位置。故在救援过程中不考虑,从故障发生时救援车实际位置到其清客地点走行时间。

(2)在救援过程中,多数情况下,需行调人工准备进路。因行调可提前准备进路、准备进路时间可与救援车走行时间并列进行、准备进路时间可与司机换端时间并列进行等因素,故亦不考虑准备进路时间,只考虑其并列进行时间。

(3)若故障车推进/牵引至正线存车线,则救援车恢复 ATP 即视为救援过程结束;若故障车推进/牵引至车厂,则救援车运行至指定地点即转换轨,视为救援过程结束。

(4)本着救援优先的原则,救援过程中不考虑其他在线列车对救援列车的影响。

(5)救援总时间即为所有 t_i 之和。

（二）时间参数的标定

1．固定时间参数

根据处置过程不难发现，t_0、t_1、t_2、t_4、t_5、t_6、t_{12} 均为常量，具体如表 11-6 所示：

表 11-6 固定时间参数值说明

序号	参数值	参考依据
1	t_0 = 7 min	行规规定对电客车故障处理时间原则上为 7 min
2	t_1 = 1 min	发令时间，实测时间一般情况下在 1 min 左右
3	t_2 = 3 min	故障案例中主要时间参数对比结果
4	t_4 = 5 min	连挂并试拉时间，故障案例中主要时间参数对比结果
5	t_5 = 2 min	换端时间含开主控钥匙
6	t_6 = 4 min	连挂完毕动车时间，故障案例中主要时间参数对比结果
7	t_{12} = 1 min	摘钩时间
8	t_{15} = 2.5 min	换端时间 + 投入运行时间

2．可变时间参数

除上表中所列参数之外，其余参数均为可变参数，且均与距离有关。

表 11-7 可变时间参数值说明

参数	距离 m	起止点	限速规定	实际速度 km/h	实际速度 m/s	时间 min	实际速度 km/h	实际速度 m/s	时间 min
				折损系数		0.8	折损系数		0.6
t_3	320	S4702—gd（故障地点坐标）	NRM 模式	45 km/h	36	10.0	1	27	7.5	1
t_7	654	gd—S4510—S4502—列车长度	前端推进	25 km/h	20	5.6	2	15	4.2	3
t_8	120	列车长度	前端推进	25 km/h	20	5.6	1	15	4.2	1
t_9	358	X4504—X4508—列车长度	前端牵引	30 km/h	24	6.7	1	18	5.0	1
t_{10}	7 517	S4502—S3308—S3304	前端推进	25 km/h	20	5.6	23	15	4.2	30
t_{11}	15 667	S4502—S2112—S2104—JC2	前端推进	25 km/h	20	5.6	47	15	4.2	63
t_{13}	85	X4508—S4510	牵引退行	25 km/h	20	5.6	1	15	4.2	1
t_{14}	118	X3306—S3308	推进退行	10 km/h	8	2.2	1	6	1.7	1

注：1. 当时间不足 1 min 时按照 1 min 计算。
　　2. 速度折损系数是指考虑起停附加时分、司机驾驶水平等在内评价速度折算系数，建议取值 0.8。

3. 方案执行时间

表 11-8　各方案救援执行时间说明表

序号	步骤	方案二	方案一	方案三
1	故障发生处置时间	$t_0 = 7$ min	$t_0 = 7$ min	$t_0 = 7$ min
2	启动救援程序发布救援令	$t_1 = 1$ min	$t_1 = 1$ min	$t_1 = 1$ min
3	救援车清客	$t_2 = 3$ min	$t_2 = 3$ min	$t_2 = 3$ min
4	救援车动车至连挂地点	$t_3 = 1$ min	$t_3 = 1$ min	$t_3 = 1$ min
5	救援车与故障车连挂并试拉	$t_4 = 5$ min	$t_4 = 5$ min	$t_4 = 5$ min
6	救援车换端	0	0	0
7	救援车动车	$t_6 = 4$ min	$t_6 = 4$ min	$t_6 = 4$ min
8	故障车至清客地点停稳	$t_7 = 2$ min	$t_7 = 2$ min	$t_7 = 2$ min
9	故障车清客	$t_2 = 3$ min	$t_2 = 3$ min	$t_2 = 3$ min
10	救援车到达指定地点	0	0	$t_8 = 1$ min
11	救援车换端	0	0	$t_5 = 2$ min
12	牵引/推进故障车至指定地点	$t_{11} = 47$ min	$t_{10} = 23$ min	$t_9 = 1$ min
13	解钩	0	$t_{12} = 1$ min	$t_{12} = 1$ min
14	救援车运行至指定地点	0	$t_{14} = 1$ min	$t_{13} = 1$ min
15	救援车换端恢复 ATP	0	0	$t_{15} = 2.5$ min
	合计	26 + 47 min	26 + 25 min	26 + 8.5 min

4. 方案对比

表 11-9　各方案救援结果对比说明

项目	方案一	方案二	方案三	备注
中断行车时间 /s	1 560	1 560	2 070	
行车间隔 /s	283	283	283	
影响列车数（1）	5.5	5.5	7.3	
影响列车数（2）单位：m/s、s 折损系数 0.8	9.3	9.3	—	旅行速度
	6.9	6.9	—	限制速度
	1 500	2 820	—	推进时间
	2.2	4.1	0.0	
小计（列）	7.7	9.6	7.3	

根据《地铁运营事故（事件）调查处理规则（A1 版）》规定"中断正线行车 30 min 以上 45 min 以下"为一般事件 B 类。方案三中断车站 21 至车站 20 上行区间 34.5 min，扩大了事件影响，因此不建议采用。

综合对比后采用方案一。

五、救援方法总结

（一）若故障列车所处位置与存车线平行

1. 场 景

故障车地点：车站 41～车站 40 上行区间；救援车扣停地点：车站 41。如图 11-5 所示。

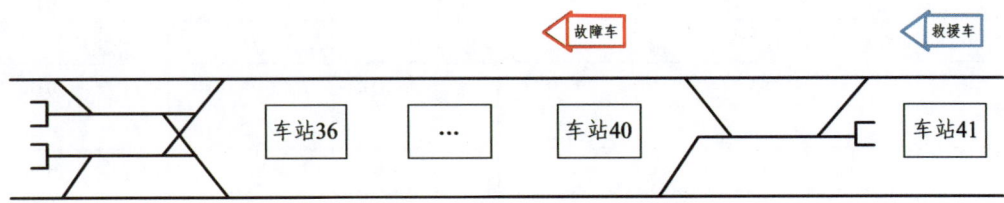

图 11-5　故障列车所处位置与存车线平行

2. 救援进路选择

（1）车站 40 存车线，如图 11-6 所示。

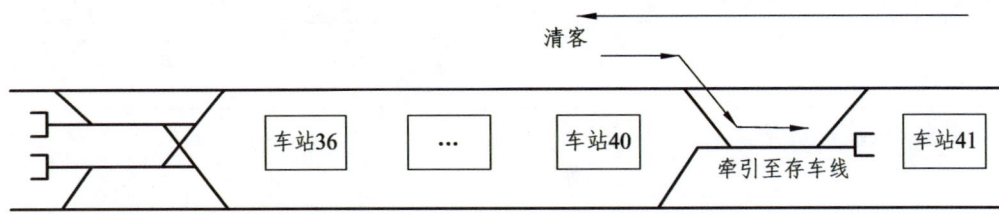

图 11-6　车站 40 存车线

（2）车站 36 存车线，如图 11-7 所示。

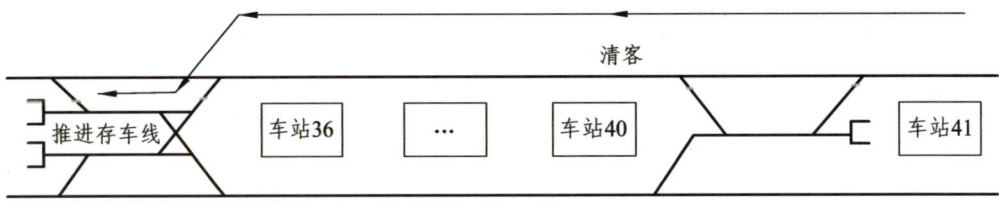

图 11-7　车站 36 存车线

（3）车站 31 折返线，如图 11-8 所示。

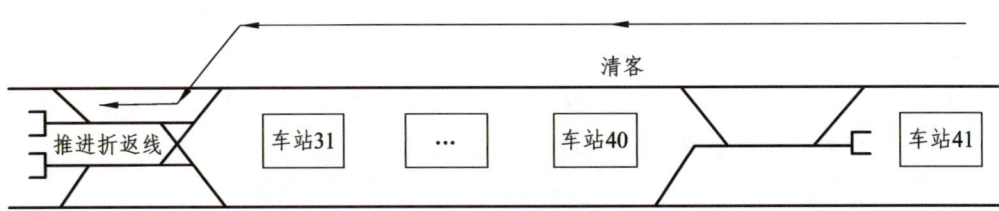

图 11-8　车站 31 折返线

（4）方案选择。

"车站36存车线"中断行车时间较短，且能快速恢复运营秩序，对后续列车影响减小，故选用此方案。

（二）若故障列车所处位置是与车厂直接相连的站台

1. 场景

故障车地点：车站45上行线；救援车扣停地点：车站45下行线。如图11-9所示。

图11-9　与车厂直接相连的站台

2. 救援进路选择

（1）车站40存车线，如图11-10所示。

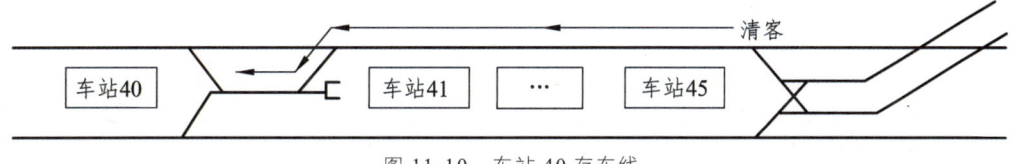

图11-10　车站40存车线

（2）车辆段，如图11-11所示。

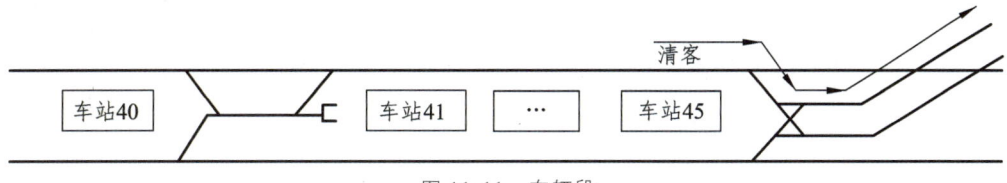

图11-11　车辆段

（3）方案选择。

故障车位置与车辆段/停车场连接时，若将故障列车推进至距离较近的存车线，对正线后续的行车影响较大，会造成多次列车晚点；若直接将故障列车牵引回厂，对正线的影响减小至最低，中断行车的时间方面，两个方案的数值接近，经过比对，选择"车辆段"方案。

（三）若故障列车所处位置是与存车线直接相连的站台

1. 场　景

故障车地点：车站41上行线；救援车扣停地点：车站42上行线。如图11-12所示。

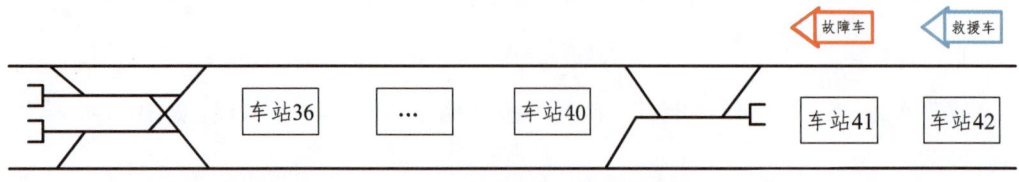

图11-12　与存车线直接相连的站台

2. 救援进路选择

（1）车站40存车线，如图11-13所示。

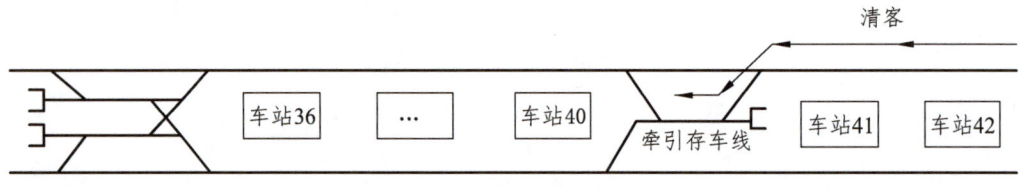

图11-13　车站40存车线

（2）车站36存车线，如图11-14所示。

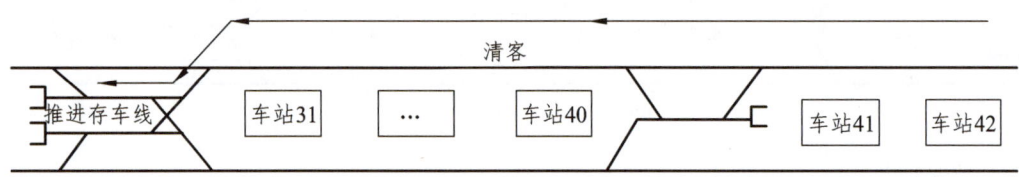

图11-14　车站36存车线

（3）方案选择。

两个方案最大的差别是对后续列车的影响，前者与后者相比，影响降低了一倍，因此选择前者。

（四）总　结

本节研究内容有明显的局限性，为提高救援效率，减小救援影响，可在如下方面进行进一步的研究。

首先，固定时间参数中清客时间、连挂时间以及连挂完毕动车时间，进一步优化时间。

其次，深度挖掘速度折损系数的影响因素，确定与实际情况相符的值，进一步降低折损系数值。

最后，进一步优化救援时间，优化救援方案。

第三节　列车停放制动场景

如图 11-15 所示，故障车 10905 次（0101 车）在车站 12 至车站 13 下行区间 HMI 显示 2B 车停放制动施加，司机重新施加缓解停放制动后故障仍然存在，司机停放制动旁路后动车，行调通知 10905 此司机运行至车站 13 下行线清客，清客完毕后进车站 14 存车线 I 道退出服务。

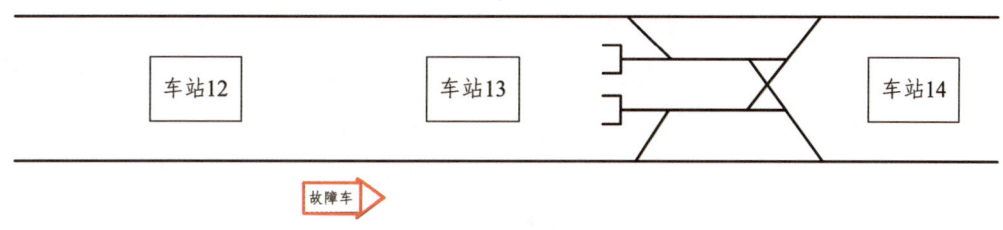

图 11-15　事发故障线路图

一、背　景

发生时间：工作日 09 时 50 分。

执行时刻表：Z1104，行车间隔 7 min 26 s，旅行速度 33 km/h。

故障车地点：10905 次出清车站 12 下行，在车站 12 ~ 车站 13 下行区间。

二、停放制动故障分析

（一）停放制动故障分类

该类故障分为"停放制动缓解灯不亮"与"停放制动缓解灯亮，HMI 显示停放制动状态显示为'P'"。

（二）停放制动故障处理

1. 停放制动缓解灯不亮的处理方法

重新施加缓解、缓解停放制动 → 合停放缓解旁路尝试动车 → 手动缓解相应车停放制动。

2．停放制动缓解灯亮，HMI 显示停放制动状态显示为"P"的处理方法

复位相应车智能阀或网关阀开关 → 合停放缓解旁路尝试动车。

（三）停放制动故障异同点说明

处理停放制动故障时首先应明确故障现象，当司机仅汇报 ×× 车停放制动显示"P"时，行调应主动与现场司机确认停放制动缓解灯的状态，两种故障较易混淆，故障处理思路稍有区别。

如相应车智能阀或网关阀电源失电时会造成"列车停放制动缓解灯亮、HMI 显示'P'"，此时列车无法动车，但列车停放制动实际处于缓解状态（因停放制动缓解灯亮，代表列车全部停放缓解）；如相应车停放制因故动自动施加时会造成"停放制动缓解灯不亮、HMI 显示'P'"，此时列车同样无法动车，列车停放制动实际处于施加状态。

两类故障最后合停放制动旁路均可动车，但"停放制动缓解灯不亮、HMI 显示'P'"时，由于是抱闸走车，可能出现动车困难、磨闸瓦的现象。

当列车启动困难时，因接触网、列车为带电状态，且正线轨行区情况较复杂，故建议不安排司机下车手动缓解相应车停放制动。

合列车停放制动缓解旁路后列车会自动限速 10 km/h 运行，该限速为车辆自身限速。

三、停放制动故障对正线运营影响分析

（一）停放制动故障影响分析

停放制动故障基本处理无效时，司机申请合停放制动缓解旁路动车，此时列车将只能限速 10 km/h 运行，对整个行车调整造成较大影响。如出现列车"停放制动缓解灯不亮"时，会造成列车动车困难、磨闸瓦的现象出现，严重时还可能造成轮轴固死等严重情况。故列车出现停放制动故障，组织列车就近站清客后应尽快安排至就近存车线存放。

（二）停放制动旁路限速对运营造成的影响分析

根据故障的地点，分别计算出相应的影响时间，如图 11-16 和 11-17 所示。

1．走行距离

走行距离取 XX 站—XX 站的站间距作为基准值，如故障地点发生在区间某点时，则分别以该点前、后方站为起点计算至存车点的站间距，得出区间故障耗时的范围。区间耗时应介于前后站耗时之间，以此作为参考。

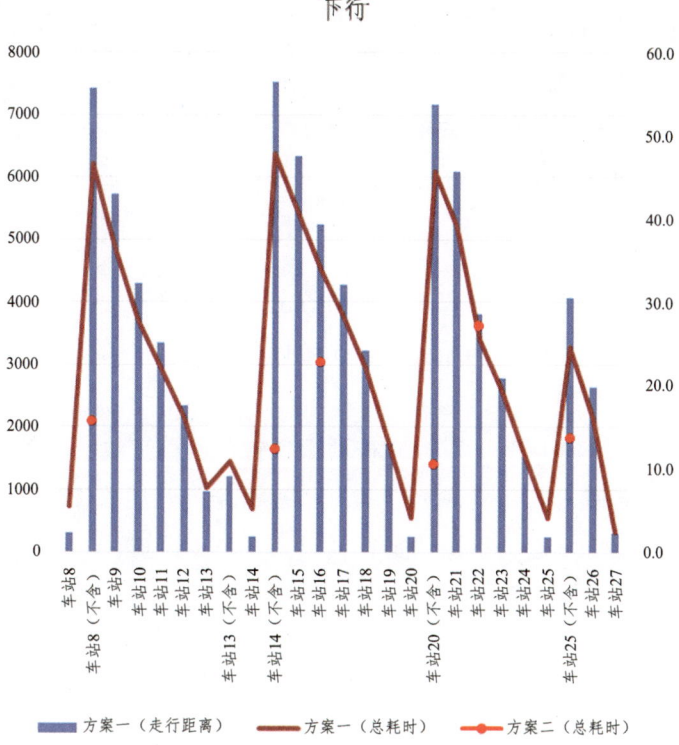

图 11-16 停放制动旁路限速对运营造成的影响分析（下行）

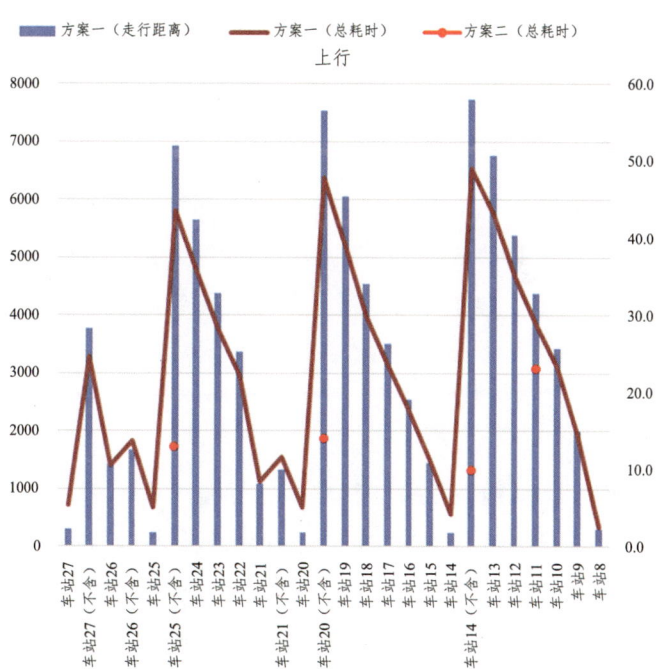

图 11-17 停放制动旁路限速对运营造成的影响分析（上行）

两端终点站至折返线间的走行距离按 300 m 进行计算，中间站至存车线间的走行距离按 250 m 进行计算，车站 16 下行、车站 22 下行小交路折返的走行距离按 600 m（300×2）进行计算。

如车站 13 下行至车站 14 存车线间的实际走行距离按两站间的站间距进行计算（为了计算方便，两者值视为接近）。

2．走行耗时

中间站（区间）的走行耗时以 10 km/h 全速进行计算。

走行耗时公式：时间＝站间距（米）×3.6/10＋进存车线的时间＋小交路折返走行时间。

考虑到司机进存车线降速，对标时按照限速操作，存车线长短等问题综合考虑，中间存车线走行耗时按 130 s 计算，终点站折返线走行耗时按 150 s 计算。

车站 16、车站 22 小交路折返的走行耗时按 240 s 计算。

3．其他耗时

清客并报行调耗时按 120 s 计算，司机换端操作按 60 s 计算。

4．总耗时

总耗时＝走行耗时＋其他耗时。

四、行车调整分析

（一）行车调整耗时分析

不同的故障位置所造成的影响不同，距离前方存车线越远则造成的影响越大。列车在以下区段发生停放制动故障时对正线影响较大。如图 11-18 所示，为某地铁×线部分线路图，根据故障位置不同，列车具体的影响时间，之后进行相应的行车调整。

（二）行车调整分析及建议

正常情况下的行车调整遵循正线运行原则，尽量不影响邻线列车运行。

如列车在车站 8 下行站台、车站 14 下行站台、车站 27 上行站台、车站 25 上行站台、车站 20 上行站台等特殊地点发生故障，因列车后方有折返线/存车线，建议司机换端后牵引至折返线/存车线（换端后如列车不能动车，提醒司机合该操作端的停放制动缓解旁路）。

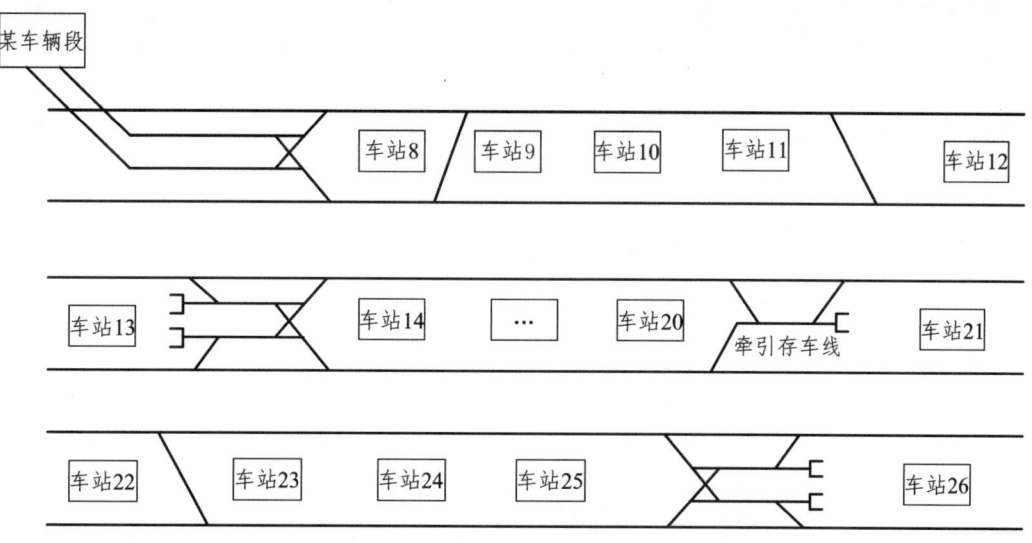

图 11-18 某地铁 X 线部分线路

表 11-10 某地铁 X 线停放制动故障不同故障位置具体影响时间说明

序号	下行	影响时间/min	上行	影响时间/min
1	车站 8（不含）~车站 9（不含）	46.6~36.4	车站 25（不含）~车站 24（不含）	43.5~35.9
2	车站 14（不含）~车站 15（不含）	47.8~40.7	车站 20（不含）~车站 19（不含）	47.8~38.9
3	车站 15~车站 16（不含）	40.7~34.1	车站 19~车站 18（不含）	38.9~29.9
4	车站 20（不含）~车站 21（不含）	45.7~39.2	车站 14（不含）~车站 13（不含）	49.1~43.3
5	车站 21~车站 22（不含）	39.2~25.5	车站 13~车站 12（不含）	43.3~35.0

如列车由车站 13 下行出站、车站 26 上行出站、车站 21 上行出站后发生故障，建议组织列车运行至前方站台清客后按上述第 2 条处理。

如列车由车站 8 下行出站后（未运行至车站 9）发生故障，按照正向调整的原则，将列车安排至车站 14 存车线存放，则会对正线造成 46.6~36.4 min 的影响。此时，如具备条件，建议安排列车由区间退行至车站 8 下行站台清客，清客后换端进入车站 8 折返线，这样可大大缩短行车调整时间。

如退行列车已全部出清站台区，原则上由行调通知司机换端退行，车站确认站线安全后，向司机显示"引导信号"。当电客车在区间发生停放制动故障需退行回车站时，此种特殊情况建议以车站人员在相应站台头端能看到列车尾灯为据，当车站能看到时，行调通知车站确认站线安全后，可指令司机不换端退行。根据图 11-18 的线路，可按此法调整的情况汇总如表 11-11、11-12 所示。

表 11-11 不同故障地点具体行车调整方案汇总（上行）

序号	故障地点	方案一			方案二			节省时间
		存车地点	调整方案	最大影响时间/min	存车地点	调整方案	最大影响时间/min	
1	车站25（不含）~车站24（不含）	车站20存车线	前方站清客后不停站运行至存车地点	43.5	车站25存车线	退行至车站25上行清客，换端牵引至车站25存车线	12.9	30.6
2	车站20（不含）~车站19（不含）	车站14存车线	前方站清客后不停站运行至存车地点	47.8	车站20存车线	退行至车站20上行清客，换端牵引至车站20存车线	14.0	33.8
3	车站14（不含）~车站13（不含）	车站8折返线	前方站清客后不停站运行至存车地点	49.1	车站14存车线	退行至车站14上行清客，牵引至车站14存车线	10.0	39.1

表 11-12 不同故障地点具体行车调整方案汇总（下行）

序号	故障地点	方案一			方案二			节省时间/min
		存车地点	调整方案	最大影响时间/mim	存车地点	调整方案	最大影响时间/min	
1	车站8（不含）~车站9（不含）	车站14存车线	前方站清客后不停站运行至存车地点	46.6	车站8折返线	退行至车站8下行站台清客，换端牵引至车站8折返线	15.7	30.9
2	车站14（不含）~车站15（不含）	车站20存车线	前方站清客后不停站运行至存车地点	47.8	车站14存车线	退行至车站14下行站台清客，换端牵引至车站14存车线	12.3	35.5
3	车站16	车站20存车线	本站清客后不停站运行至存车地点	34.1	车站14存车线	车站16下行站台清客，运行至S3703信号机内方换端，经车站16渡线运行至上行线至车站14存车线	22.9	11.2
4	车站20（不含）~车站21（不含）	车站25存车线	前方站清客后不停站运行至存车地点	45.7	车站20存车线	退行至车站20下行站台清客，牵引至车站20存车线	10.5	35.2
5	车站25（不含）~车站26（不含）	体中折返线	前方站清客后不停站运行至存车地点	24.7	车站25存车线	退行至车站25下行站台清客，换端牵引至车站25存车线	13.7	11

五、总　结

处理停放制动故障时要首先明确故障现象，根据故障现象决定处理方法及行车调整，遵循正线运行原则，明确调整思路，着眼故障点，依次扣车、均匀扣车、适度扣车。进一步优化行车调整时间，优化调整方案。全面考虑其影响，以影响最小、耗时最短为目标，根据列车存车地点不同，所用时间不同，比对出比之更为合理的存车地点及调整方案。

第十二章　信号类场景分析

信号系统是城市轨道交通列车运行安全控制系统的重要组成部分。信号系统包括信号设备、联锁设备、闭塞设备以及列车自动控制（ATC）系统。这些设备与列车自动控制系统共同作用，一同保障列车安全运行，只有列车安全运行才能保障系统的安全运营。本章内容主要对信号类故障进行统计，列举其中影响较大的两种故障类型，针对案例结合优化算法进行处置分析，并提出相关建议。

第一节　信号类故障汇总分析

本章选取某地铁一年内信号类设备故障统计分析的具体数据，分析信号类设备主要发生的故障类型占比，结果如图 12-1 所示。

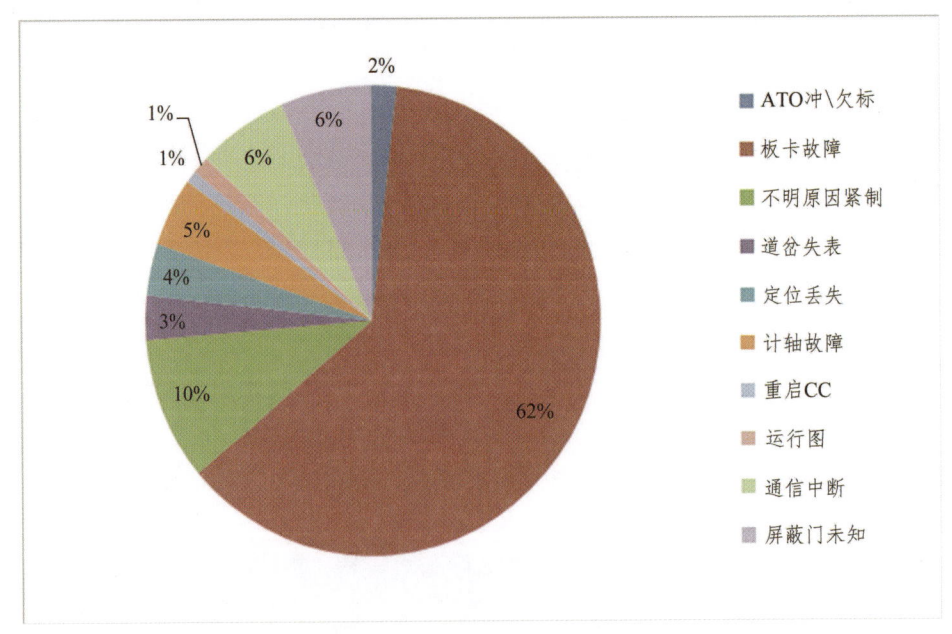

图 12-1　信号设备故障类型统计

由图 12-1 数据可以看出，信号类设备故障中占比较大的类型主要有板卡故障、定位丢失、不明原因紧制、屏蔽门未知及通信故障。其中板卡故障虽然发生频次多，但是一般造成 ATO 轻级故障，并不影响行车；屏蔽门以及通信故障频次较多但是对行车的影响也较小。所以将故障发生频次与影响程度进行对比分析，可用四象限图来表示，如图 12-2 所示。

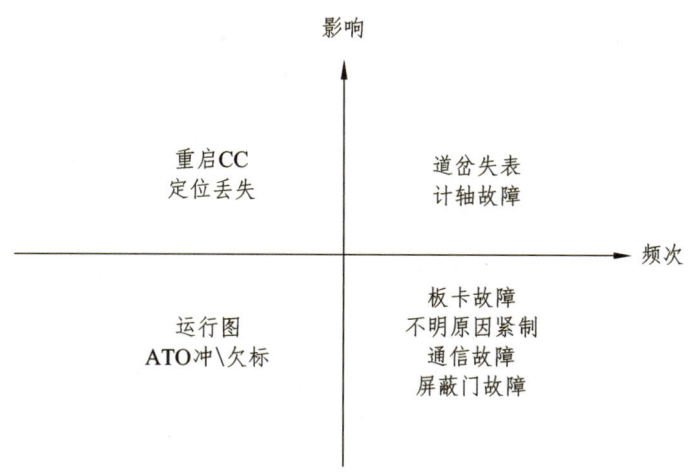

图 12-2 某地铁信号类设备故障类型四象限

结合对以上信号类设备故障数据进行统计分析后可以看出，信号类设备故障类型中道岔失表、计轴故障发生频次高且影响程度大，重启车载控制器（CC）、定位丢失故障发生频次较少但影响程度大。所以下文主要选取信号类设备故障类型中发生频率较高、对行车有较大影响的道岔失表和重启车载控制器两种故障场景做具体详细的分析。

第二节　道岔故障场景分析

道岔是一种使机车车辆从一股道转入另一股道的线路连接设备，是实现股道转换的重要设备。由于道岔构造复杂、限制列车速度、行车安全性低、养护维修投入大等特点，所以是轨道的薄弱环节。信号系统中将信号机、道岔和进路之间建立一种相互制约的关系，道岔位置的正确表示是信号安全条件检查的必要条件，为列车的安全运行提供了基础保障。一旦道岔发生故障，对线路列车正常运行的影响很大，会导致列车晚点甚至故障区段运营中断等现象出现。

一、道岔故障现象分析

（一）道岔发生地点及时间分析

搜集某地铁一年内道岔故障数据，根据发生地点及时间进行分析统计，如表12-1所示。

表12-1　某地铁道岔故障地点及时间分析

次数	车站8	车站31	车站45	车站49	车站53	车站57
非运营时段	1	0	1	2	0	0
运营时段	1	2	3	0	2	4

从上表可知数据中的车站都是含有折返线或者存车线的车站，说明故障道岔主要以折返站道岔为主，且发生在运营时段的频次较高。

（二）道岔原因分析

对某地铁一年内道岔故障数据进行统计分析，总结出道岔故障的原因主要有以下几个方面。

（1）设备本身故障原因导致。

（2）道岔受天气影响导致。

（3）进路触发机制冲突导致。

（4）单操后恢复正常，原因未知。

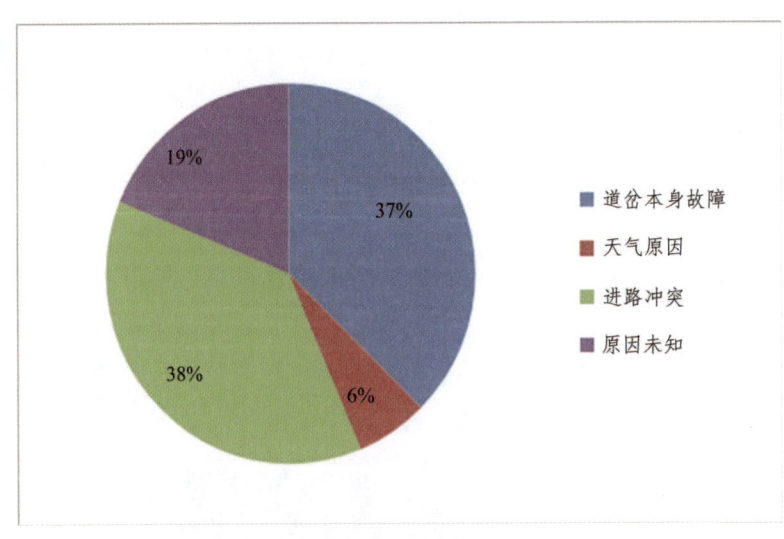

图12-3　信号设备故障类型统计

由上图数据可以发现，设备故障与进路冲突是导致道岔故障的两种最主要的原因，各占到故障总数的37%和38%。

二、道岔故障案例分析

（一）案例一（线路示意图见图12-4）

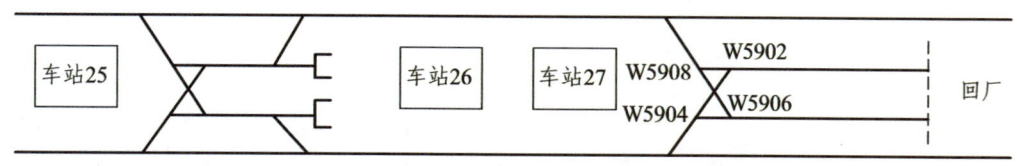

图12-4　案例一线路示意图

2016年7月26日19时51分，车站27W5902/W5904道岔失表。19时55分～20时54分行调分别组织后续部分列车在车站25下行线进行清客折返至车站25上行线投入载客服务，并组织部分列车在车站25存车线不换端反向运行至车站26上行线投入载客服务，反方向运行至车站27上行线换端后继续载客。20时54分道岔仍无法恢复，行调组织车站27将W5904道岔人工加锁至定位按调车方式办理折返进路组织行车。

此故障影响的后果：晚点6列次，清客5列次，未完成单程11列次，抽线5列次。

（二）案例二（线路示意图见图12-5）

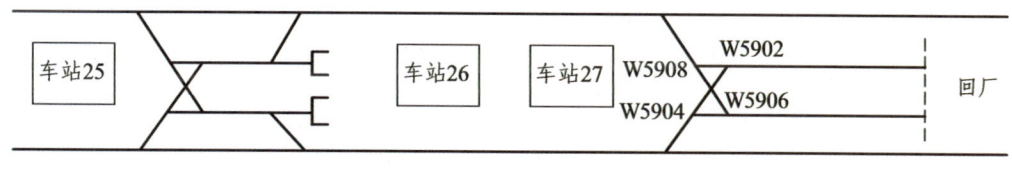

图12-5　案例二线路示意图

2016年9月03日21时27分，车站27W5902/W5904道岔反位失表。21时28分～21时32分行调变更10119次（0118车）列车折返进路期间W5902/W5904再次出现定位失表，W5906/W5908道岔被方向锁闭反位。21时30分进行抢修。21时37分～22时03分行调组织车站27车站人员下线路将W5902/W5904、W5906/W5908道岔均加锁至定位，并组织车辆段备用车上线开行上行末班车，道岔加锁完毕后组织列车正常回厂。

此故障影响的后果：晚点8列次，抽线1列次，未完成单程2列次，清客1列次。

(三)案例三(线路示意图见图12-6)

图12-6 案例三线路示意图

2017年4月19日15时50分,车站31P2109/P2111道岔显示失表。15时52分行调组织车站31单操道岔两个来回故障仍存在。15时53分OCC发布抢修令。15时54分行调通知车站31工作人员下线路将P2111道岔人工加锁至定位。15时56分行调组织车站33上行00414(0207车)次清客后经车站33渡线折返。16时行调通知车站31做好安全防护后在HMI上对P2113/P2115道岔反操。16时10分行调组织01712次(0224车)折返。16时19分01713次(0224车)改开00815次车站31下行停稳。16时20分道岔恢复正常。

此故障影响的后果:晚点8列次;抽线1列次;未完成单程5列次。

(四)指标对比分析

由表12-2数据可以看出,返道岔故障时,对运营产生的影响很大,同一组道岔在不同时期故障,根据上线列车运营情况以及班组处置情况不同,处置结果也不相同。

表12-2 指标对比

道岔失表事件	2~5 min 晚点	5~10 min 晚点	10~15 min 晚点	15~30 min 晚点	清客列次	下线列次	未完成单程列次	抽线列次	恢复时间/min
2016年7月26日X号线车站27W5902/W5904	0	3	1	2	5	0	11	5	66
2016年9月3日X号线车站27W5902/W5904	2	4	2	0	1	0	2	1	26
2017年4月19日Y号线车站31P2109/P2111	3	4	1	0	2	0	5	2	36

(五)指标量化分析

根据行车指标的量化方法,利用量化因子对上述三个案例产生的行车指标进行如下换算:

案例一：换算指标 = 1×3 + 1.5×1 + 2×2 + 3×5 + 2×11 + 2×5 = 55.5
案例二：换算指标 = 0.5×2 + 1×4 + 1.5×2 + 3×1 + 2×2 + 2×1 = 17
案例三：换算指标 = 0.5×3 + 1×4 + 1.5×1 + 3×2 + 2×5 + 2×2 = 27
因此，利用换算后的指标衡量这三个案例，则有如下的排列顺序。

（案例二）<（案例三）<（案例一）

从恢复行车时间长短来衡量，则有如下的排列顺序。

（案例二）<（案例三）<（案例一）

以上是从换算指标大小以及行车恢复时间长短两方面来对处置结果进行衡量分析。考虑实际情况，即使是同一类故障，由于故障发生时间、地点的不同，最后的处置方法和对行车的影响也不相同，需要更加全面地分析问题，所以下文从行车秩序紊乱度的角度对案例进行分析。

（六）行车秩序紊乱度分析

从行车秩序紊乱度的角度对上述三个案例进行对比分析，计算结果如下：

1．案例一

受到故障影响的列次以及在行车秩序紊乱时段内各次列车实际到站偏离计划线的时间之和如下：

W_{12205} = 140min30s、W_{10917} = 186min50s、W_{12305} = 193min59s

W_{12405} = 65min54s、W_{12504} = 93min00s、W_{12505} = 160min32s

W_{11717} = 56min48s、W_{12705} = 11min12s、W_{11815} = 23min42s

W_{11913} = 28min06s

因此，案例一行车秩序紊乱度 W_1 为

$W_1 = W_{12205} + W_{10917} + W_{12305} + W_{12405} + W_{12504} + W_{12505} + W_{11717} + W_{12705} + W_{11815} + W_{11913} = 960.5$ min

2．案例二

受到故障影响的列次以及在行车秩序紊乱时段内各次列车实际到站偏离计划线的时间之和如下：

W_{10419} = 41min08s、W_{11317} = 27min08s、W_{10519} = 54min30s

W_{11417} = 68min32s、W_{10719} = 42min27s、W_{10819} = 54min44s

W_{10919} = 63min26s、W_{11018} = 9min21s、W_{11019} = 44min56s

因此，案例二行车秩序紊乱度 W_2 为

$$W_2 = W_{10419} + W_{11317} + W_{10519} + W_{11417} + W_{10719} + W_{10819} + W_{10919} + W_{11018} + W_{11019} = 406.2 \text{ min}$$

3. 案例三

受到故障影响的列次以及在行车秩序紊乱时段内各次列车实际到站偏离计划线的时间之和如下：

$W_{00815} = 66\text{min}12\text{s}$、$W_{01505} = 25\text{min}30\text{s}$、$W_{01016} = 17\text{min}40\text{s}$

$W_{01908} = 64\text{min}33\text{s}$、$W_{00814} = 3\text{min}10\text{s}$、$W_{01602} = 64\text{min}20\text{s}$

$W_{00110} = 15\text{min}10\text{s}$、$W_{00710} = 13\text{min}30\text{s}$、$W_{01114} = 14\text{min}55\text{s}$

因此，案例三行车秩序紊乱度 W3 为

$$W_3 = W_{00815} + W_{01505} + W_{01016} + W_{01908} + W_{00814} + W_{01602} + W_{00110} + W_{00710} + W_{01114} = 275 \text{ min}$$

根据行车秩序紊乱度指标来衡量以上三个案例可得如下排序。

（案例三）＜（案例二）＜（案例一）

从行车秩序紊乱度对比的结果进行分析，案例三对行车产生的行车紊乱程度最小，与上述按照指标及行车时间长短分析的结果并不相同，说明结合行车秩序紊乱度来分析能够更加全面、有效。

三、处置建议

（1）由于道岔故障主要受到道岔本身因素和进路冲突的影响，除了日常要加强对道岔的监控、维护和检修外，还不能忽视信号系统特性对道岔的影响。

（2）做好行车预想。由于道岔故障恢复时间的不确定性很大，如果故障发生初期行车调整力度不够，故障预想不足，未考虑到故障长时间无法恢复的情况时，会扩大故障影响、增加后续处理难度。所以对关键环节的处理及调整步骤要提前做好准备，避免耽误了关键处理期。

（3）调度应提高敏感性。如站后折返道岔故障需组织车站按调车方式办理折返时，建议行调确认折返区域列车出清后，再向车站发布调车方式办理折返命令。进路内道岔失去表示可能会导致区段方向锁不能自动消除，此时应及时组织车站人员下线路人工办理进路。行调组织车站人员对道岔加锁时，应根据整体处理思路，统筹考虑，明确通知车站加锁道岔的先后顺序。

（4）折返道岔故障时应优先考虑变更进路组织行车，当无变更进路时，根据"先通后复"的处理原则优先采取措施开通线路，然后根据运营情况组织抢修。抢修时应优先考虑"边运营边抢修"的处理思路，将控制权下放至现场，行车调度做好总体安全把控，在确保安全的前提下，提高故障处置效率。

四、小　结

道岔故障时要全面考虑，做好行车预想。根据故障现象灵活处理及行车调整，遵循"先通后复"的处理原则，着眼故障点，把握好关键处置点和行车调整时间。后续仍需要进一步根据道岔故障地点、时间的不同，探讨出更优的行车调整措施。

第三节　重启车载控制器场景分析

车载控制器（Carborne Controller，CC），是基于无线通信的列车控制系统（Communications-Based Train Control，CBTC）的重要组成设备之一，对确保列车安全平稳运行至关重要。车载控制器主要负责实现列车定位、允许速度执行、移动授权以及其他有关的列车自动驾驶系统/列车自动防护系统功能。

一、故障现象分析

重启车载控制器的故障现象主要包括：司机显示器显示所有信号驾驶模式均不可用、司机显示器显示通信中断、列车定位丢失、司机显示器显示"维护模式"、列车产生不明原因紧制、列车无故障信息显示且依次降级至限速（25 km/h）人工驾驶模式均无法动车等。

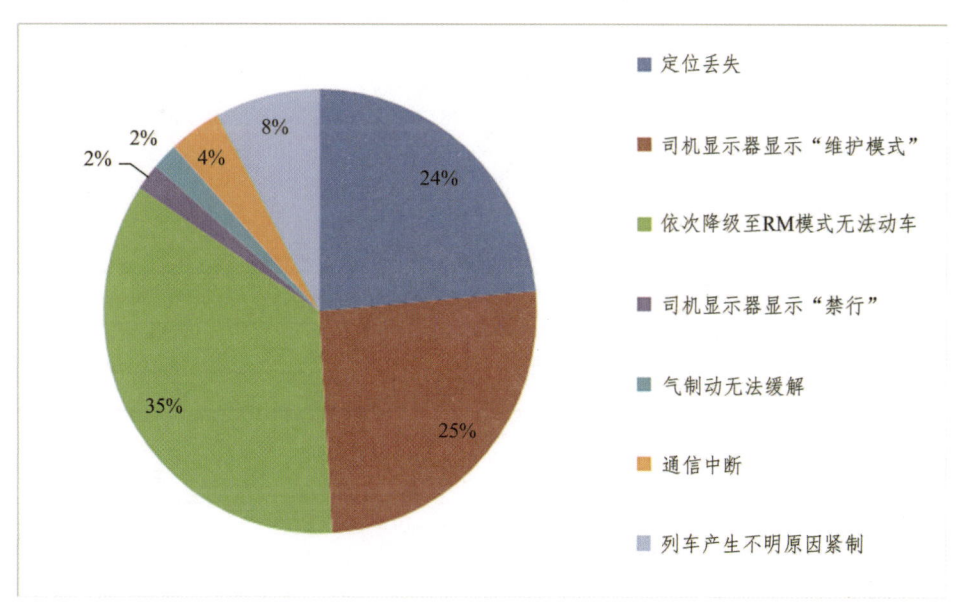

图 12-7　按故障现象统计

图 12-7 的统计结果表明，造成列车重启车载控制器的故障现象发生的原因中，频次排名前 3 位的分别为：列车无故障信息显示且依次降级至限速（25 km/h）人工驾驶模式均无法动车、司机显示器显示"维护模式"、列车定位丢失，分别占比为 35%、25%、24%。

一旦故障发生，必然会扰乱列车运行秩序，而各类故障对运行秩序的影响最终会通过行车指标来体现。重启车载控制器类故障对运营指标带来的影响主要分为未完成单程、晚点两类，如图 12-8 所示。需要注意的是，这里的晚点指标只统计了故障车，未统计故障造成其他列车晚点情况。重启车载控制器类故障主要产生的运营指标为晚点，且晚点时间基本都在 10min 以下。

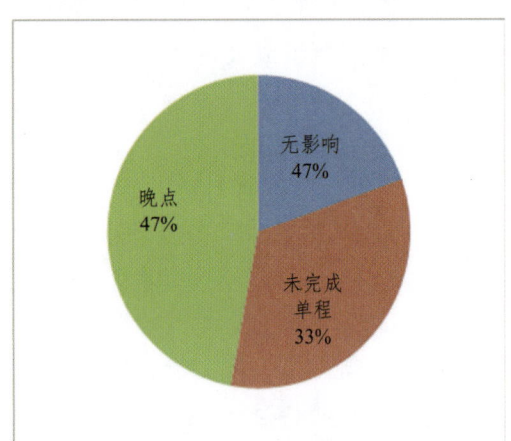
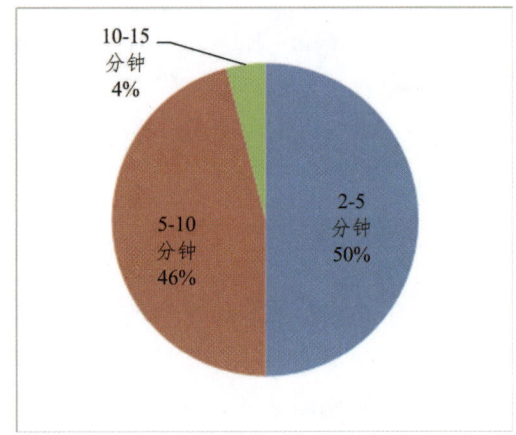

图 12-8　故障影响对比

二、处置方法对比分析及相关建议

（一）处置方法对比分析

场景一（见图 12-9）。

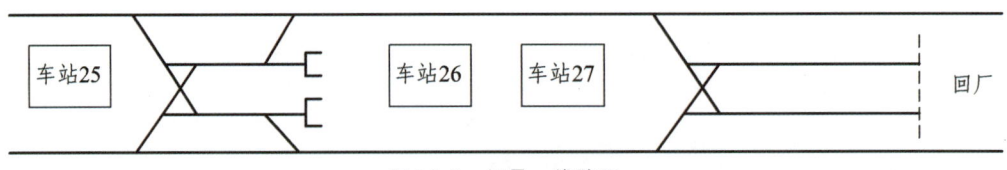

图 12-9　场景一线路图

2015 年 3 月 25 日 13 时 12 分，某地铁 X 号线 11607 次在车站 25 下行站台作业完毕后列车自动驾驶模式无法动车，无其他故障信息显示。司机依次降级至限速（25 km/h）人工驾驶模式均无法动车，行调通知司机以非限制式人工驾驶模式限速 60 km/h 运行；13 时 17 分，在车站 26 下行线站台作业完毕后故障仍存在，行调通知司机继续以上述驾驶模式运行至终点站，最终故障车终到晚点 270 s。

场景二（见图 12-10）。

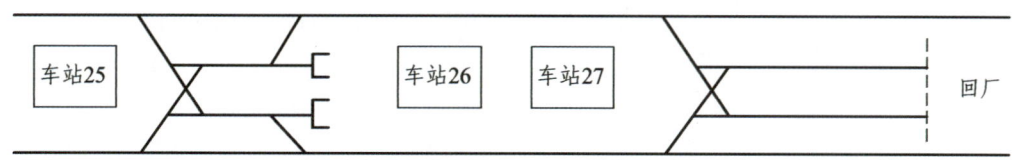

图 12-10　场景二线路图

2015 年 4 月 3 日 13 时 35 分，某地铁 X 号线 10709 次在车站 25 下行站台作业完毕后列车自动驾驶模式无法动车，无其他故障信息显示。司机依次降级至限速（25 km/h）人工驾驶模式均无法动车，调度人员通知司机重启车载控制器后以非限制式人工驾驶模式动车；13 时 44 分，10709 次在车站 26 下行线重启车载控制器成功，恢复列车自动驾驶模式运行，最终故障车终到晚点 477 s。

1．相关数据对比

两次故障均发生在车站 25 下行，但故障处置方法却不相同，从故障列车终到晚点时间来看，未重启车载控制器方案明显优于重启车载控制器，两次故障处理的关键时间节点如图 12-11 所示，各站到发时间的对比如表 12-3 所示。

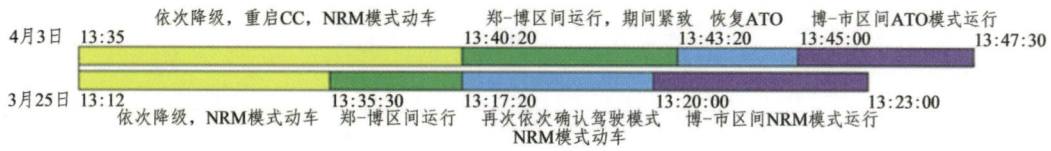

图 12-11　关键时间节点对比

表 12-3　站到发时间对比说明

时间	3 月 25 日		4 月 3 日	
车次	11607 次		10709 次	
	计划	实际	计划	实际
车站 25	13 时 12 分 16 秒	13 时 15 分 30 秒	13 时 34 分 34 秒	13 时 40 分 20 秒
车站 26	13 时 14 分 08 秒	13 时 17 分 20 秒	13 时 36 分 26 秒	13 时 43 分 20 秒
	13 时 14 分 38 秒	13 时 20 分 00 秒	13 时 36 分 56 秒	13 时 45 分 00 秒
车站 27	13 时 17 分 14 秒	13 时 23 分 00 秒	13 时 39 分 32 秒	13 时 47 分 30 秒

注：实际时间来自实际运行图，有正常读数误差。

2．时间分析

由表12-3可以看出，若不考虑11607次发晚时间，11607次实际晚点时间应为346 s，较10706次少132 s。由于在车站25进行应急处置，11607次多停194 s，10709次多停346 s，11607次较10709次少154 s，这段时间差主要是用于重启车载控制器。10709次在车站25下行线重启车载控制器后，运行至车站25至车站26下行区间发生紧制，其在此区间运行时间为180 s，较11607次多70秒，故10709次比11607次的延误时间多了224 s。

由于11607次在车站26下行线需再次确认驾驶模式，使其比10709次在车站26多停60 s；因10709次在车站26下行线恢复列车自动驾驶模式运行，使其在车站26至车站27下行区间运行时间减少30 s，此时，10709次与11607次延误时间差减小至134 s。因此，11607次晚点时间较10709次少134 s，接近于"复位车载控制器故障步骤分解及时间"标准中第7、8项操作时间之和。

3．重启车载控制器后列车紧制情况说明

目前某地铁×线车辆设备特点为：列车重启车载控制器完毕后约120～180 s，运行过程中会产生紧制。表4-16为某地铁X线自列车重启车载控制器操作完毕至下一站到站时间的测算情况。

表12-4 自列车重启车载控制器完毕至下一站到站时间统计

车站名称	站间距 /m	非限制式人工驾驶模式限速60 km/h测算运行时间 /s	自列车重启车载控制器操作完毕至下站到站时间 /s
车站8—车站9	1693	135	165
车站9—车站10	1 440.5	115	145
车站25—车站26	1 426.91	114	144
车站26—车站27	2 353.71	188	218

表中所列时间均属于120 s和180 s的范围之间，因此，列车在车站10上行线、车站9上行线、车站25下行线、车站26下行线重启车载控制器后以非限制式人工驾驶模式限速60 km/h运行至下一站过程中均可能会发生紧急制动。

若列车在重启车载控制器后以非限制式人工驾驶模式运行至下一站的过程中未发生紧急制动，根据相关时间的对比分析，"不重启车载控制器方案"亦优于"重启车载控制器方案"。

（二）处置建议

当列车距离终点站两个区间或不足两个区间时，发生需重启车载控制器类故障，建议暂不处置，直接组织列车以非限制式人工驾驶模式限速运行至终点站，且运行途中不再确认其他模式是否可用。

三、小　结

重启车载控制器类故障是列车运行过程中常见的信号故障，探讨相关的处置建议能够为调度员故障处理提供参考思路。本文提出，当故障发生地点距离终点站两个区间或者不足两个区间时，建议直接以非限制式人工驾驶模式运行至终点站，该建议在实际应用中取得了良好的效果，但是对于非限制式人工驾驶模式运行时安全性的探讨以及距终点站区间个数的选取是否合理这点，本文并没有进行探讨，需在后期进一步深入研究。

第十三章 供电类场景分析

在地铁运营中,一旦供电系统发生故障,不仅会造成列车运营中断,还会危及乘客生命安全、造成财产损失。地铁供电系统中,由于工作失误、设备状态不良或自然灾害引起的供电设备损坏、中断供电以及严重影响运营服务的供电类故障主要有主变电所相互支援场景、主变电所供电系统故障停电场景、主变压器故障场景、110 kV 及 35 kV 开关柜故障场景、框架保护动作场景、整流机组故障场景、降压所供电故障场景和异物造成接触网短路场景等等。

本章根据某地铁一年内供电类故障总体情况,分别从故障发生的类别和电压级别两个方面进行汇总分析。并列举出影响较大的故障类型,结合实际案例分析所要采取的措施及对多种措施进行对比,有针对性地对行车调整进行优化。

第一节 供电类故障汇总分析

地铁供电系统的正常与否不仅仅关系到整个行车系统的正常运行,还关系到乘客人身及设备财产安全,随着供电系统运行时间的累积,磨耗及伤损的逐渐增加,供电设备发生故障的概率也在逐渐增加,但故障发生类别在发生频率及影响程度上具有一定的可区分性,下面通过汇总总结其规律性。

将供电类故障按其电压级别进行分类,分为 110 kV、35 kV、1 500 V、400 V、能馈装置、交直流屏、综合监控等,将一年内发生的供电类故障按电压级别进行汇总分析,如图 13-1、13-2 所示。

从故障统计图可以看出供电类故障按电压级别分 1 500 V 及 35 kV 设备发生故障频率较高,远高于其他电压等级的故障,其次就是综合监控与能馈装置设备,能馈装置多是因为设备的不稳定,综合监控设备多为设备调试、点位匹配、电调工作站功能不完善等故障。若将供电类故障根据其影响程度及发生频率进行四象限归类,可直观地明确影响大的故障,从而进行有针对性地重点把控,如图 13-3 所示。

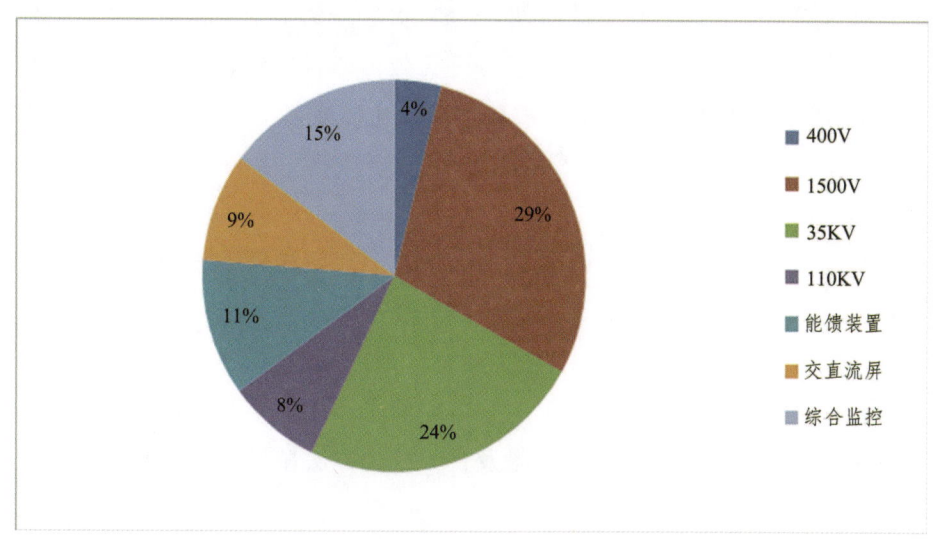

图 13-1 线网供电类故障按电压级别统计

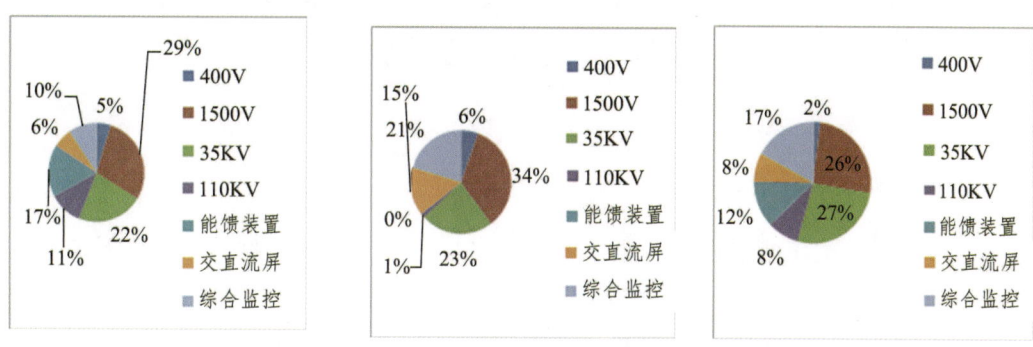

图 13-2 2017 年度各线路供电设备故障分电压等级统计

影响

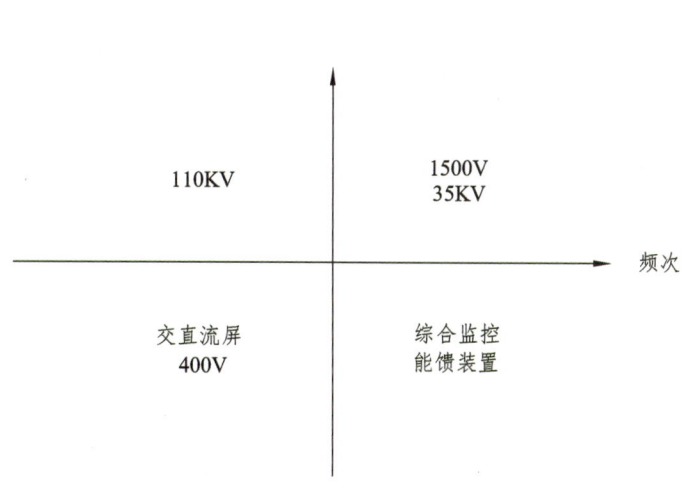

图 13-3 某地铁供电类故障类型四象限

由此可以看出，1 500 V 类故障及 35 kV 类故障属于发生频率较高且影响程度较大的故障类型，如果处理不及时或者处理无效可能会导致较长时间的行车中断，从而扩大对运营的影响；110 kV 类故障属于发生频次不高但是影响较大的故障类型，同样会中断行车；综合监控及能馈装置故障属于发生频次较高，但影响较小的故障类型，一般处于可控状态，不会对运营造成过大的影响；交直流屏故障及 400 V 故障属于频次及影响都较小的故障，一般处于可控状态，可依据具体情况具体分析。

结合四象限图对比分析得知，若发生 1 500 V、35 kV 或 110 kV 类故障可能会导致接触网大面积停电、供电分区失电等，将会严重影响列车的正常运行，进而导致运营中断，因此，分析其故障场景及行车调整方法显得尤为重要。

第二节　主变电所解列支援供电未完成期间列车运行能力分析

一、供电系统简介

城市轨道交通工程供电系统电源主要取自地方电力系统的城市供电网，通常有集中供电、分散供电、混合供电三种配置电源方式，如图 13-4 所示。集中供电使用城市电网 110 kV 高压电网，提高了供电系统的电源质量和容量。专网专供，使城市轨道交通供电系统的可靠性大幅提高。本章以某地铁 X 线一期工程为样本，在该工程主变电所配置、设备选型、初期运营间隔基础上进行分析。

X 线一期工程新建通泰、新华两座 110/35 kV 主变电站。X 线全线设有 10 座牵引降压混合变电所：分别为车站 9、车站 12、车站 15、车站 18、车站 21、车站 23、车站 25、车站 27、凯旋路停车场和郑东车辆段牵引降压混合变电所，其将 35 kV 交流电降压整流为 1 500 V 直流电供给接触网。

（一）正常运行方式

主变电站两路 110 kV 电源及 35 kV 侧两段母线分列运行，变电所母联断路器分开。各车站变电所内的 35 kV 母联断路器分开，两段母线分列运行。车站 18 牵引降压混合所的 35 kV 环网分段开关分开，两个主所独立供电。

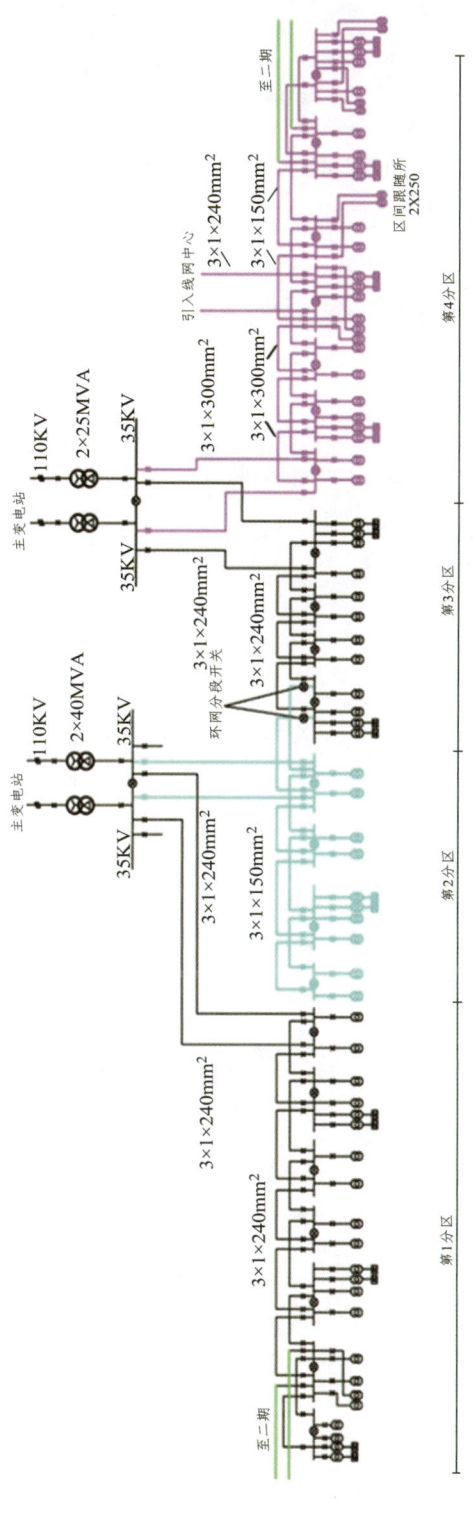

图 13-4 X 号线一期工程供电系统

（二）故障情况下运行方式

当一座主变电站故障退出运行时，环网联络开关闭合，切除故障所供电范围内的三级负荷，由相邻主变电站向故障主变电站供电范围内一二级负荷支援供电。当支援供电未成功时，车站 15 — 车站 27 上下行线（含辅助线）以及出入段线由车站 15 直流馈线开关 213、214 极端单边供电。

二、极端单边供电下的列车运行能力计算分析

（一）分析目的

通过对车站 15 至出入段线区段供电能力的理论计算，得出该供电臂最大供电能力下能承担的运行列车数以及运行公里数。

（二）计算依据

1．主变容量：40 MVA×2。

主变压器容量已满足郑州市轨道交通 X 线一期工程各运营时期的供电范围和运行方式下负荷要求。

2．整流变机组：2 500 kVA×2。

整流机组负载等级：

100% 额定负荷 —— 连续 —— 5 000 kVA

150% 额定负荷 —— 2 h —— 7 500 kVA

300% 额定负荷 —— 1 min —— 15 000 kVA

3．接触网的载流量

p 型汇流排 +120 mm^2 铜导线，最大载流量约 3 850 A。

4．接触网最低电压

不低于 1 000 V。

（三）计算理论基础

牵引网电阻：DC 1 500 V；架空刚性悬挂 PAC110+CuAg120：0.013 4 Ω/km；钢轨电阻：0.036 Ω/km，考虑左右两根钢轨并联，0.018 Ω/km。

某地铁 X 线电客车相关参数：总共 16 台电机，每台电机功率为 180 kW。列

车总牵引额定功率为：180×16 = 2 880 kW。

（四）计算（电阻、电压、电流）

1．单位电阻

单位电阻（每千米）$r = 0.013\ 4 + 0.018 = 0.031\ 4\ \Omega/\text{km}$

2．单供电臂情况下的列车运营能力

（1）接触压降最大 500 V，单位电阻 0.031 4 Ω/km，经过车辆额定功率 2 880 kW。

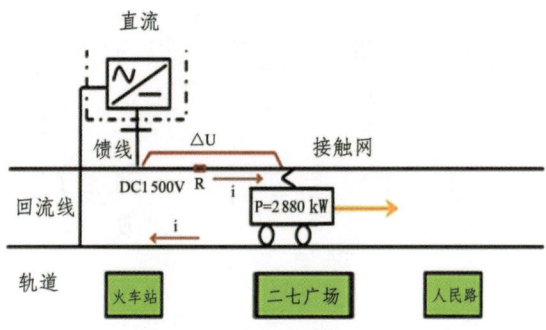

图 13-5　列车区间取流示意图

采用区间能耗测试方法（即用区间能耗和区间运行时间，算出区间平均电流，通过区间平均电流和区间单位电阻算出区间压降）也能算出区间平均电流以及区间压降。但是此种方法体现不出列车的峰值取流。

车站 15（电源端）馈出电压 $U = 1\ 500\ \text{V}$，根据设计要求，接触网网压不能低于 1 000 V，既 $\Delta U = 1\ 500\ \text{V} - 1\ 000\ \text{V} = 500\ \text{V}$；单位电阻 $R_0 = 0.031\ 4\ \Omega/\text{km}$；列车功率 $P \approx 2\ 880\ \text{kW}$。根据欧姆定律：

$$R = U/I$$
$$P = UI$$

R 为在刚性接触网线路 500 V 压降情况下的电阻。L 为列车在网压在 1 000 V 时距离电源端的距离。$L = R/R_0$；$\Delta U/R = P/(1\ 500 - \Delta U)$

$$R = 0.173\ 611\ 111\ \text{W}$$
$$L = R/R_0 = 5.529\ \text{km}$$

单供电臂情况下的单列车最远运行距离（距离电源端）5.529 km。

（2）单供电臂情况下的两列车运营能力。

假设两列车同时启动运行，双列车最大负荷情况，两列车功率等效为 2 880 kW×2。

则由以上计算可得：$L_2 = 2.765 \text{ km}$。

通过单供电臂情况下的双列车（距离电源端）2.765 km。

（3）单供电臂情况下的三列车运营能力。

假设三列车同时启动运行，三列车最大负荷情况，三列车功率等效为 2 880 kW×3。

则通过以上计算可得：$L_3 = 1.843 \text{ km}$。

单供电臂情况下的三列车（距离电源端）1.843 km。

3．通过直流馈线开关保护定值单（表 13-1）和列车取流曲线（图 13-6）判断开关柜保护动作情况

表 13-1　车站 15 直流馈线保护定值单

开关本体	大电流脱扣	整定值 /A	9 000
SEPCOS	电流速断	整定值 /A	9 000
		时间 /ms	2
	过电流	整定值 /A	3 000
		时间 /s	30
	电流变化率 di/dt & 电流增量 DI	E 值 /(kA/s)	60
		F 值（/kA/s）	15
		ΔI/A	4 500
		$t\Delta I$/ms	1
		T_{max}/ms	55
		ΔI_{min}/A	1 000
	低电压	Ul_{min}/V	900
		T/s	1
	热过负荷	额定载流量 /A	3 000
		热衰减常数 /min	10
		ΘA	98%

通过对列车取流及直流馈线开关保护定值分析，我们主要考虑两个保护：大电流脱扣保护和过流保护，具体分析见表 13-2、13-3。

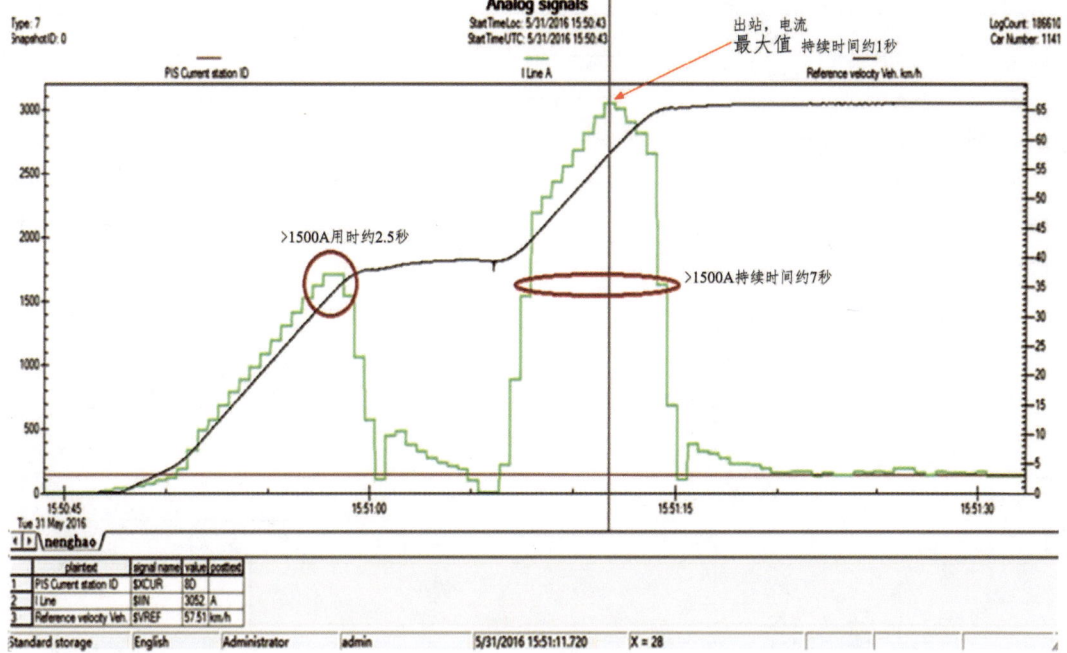

图 13-6 列车取流曲线

表 13-2 直流开关柜保护与列车运行关系

直流开关柜保护 \ 列车数量	单列车	两列车（同时启动）	三列车（同时启动）
大电流脱扣保护 $i=9\,000\,A$，$t=0\,s$	列车在启动时的峰值电流为 $3\,000\,A$，并且持续时间 $1\,s$，不会触发开关大电流脱扣定值上限	双列车在启动时的峰值电流为 $6\,000\,A$，并且持续时间为 $1\,s$，不会触发开关大电流脱扣定值上限	单列车在启动时的峰值电流为 $3\,000\,A$，并且持续时间 $1\,s$，三列车在同时启动的情况下，峰值电流达到 $9\,000\,A$ 极易触发开关大电流脱扣定值上限
过流保护 $i=3\,000\,A$，$t=30\,s$	列车在启动时的峰值电流为 $3\,000\,A$，并且持续时间 $1\,s$，不会触发开关过流保护定值上限	当两列车同时启动时，直流馈线最大电流值约为 $6\,000\,A$，持续时间不超过 $5\,s$，不会造成开关电流速断保护跳闸；两列车同时启动时，列车电流大于 $3\,000\,A$ 的合集不会大于 $30\,s$	当三列车同时启动时，大电流脱扣未动作的情况下，通过列车取流曲线可分析出，三列车同时启动时，列车电流大于 $3\,000\,A$ 的合集接近 $30\,s$，极易造成开关触发定值上限

表 13-3 车站 15—车站 27 站间距

区 间	站间距 /m
车站 15—车站 16	1 090.745
车站 16—车站 17	967
车站 17—车站 18	1 040
车站 18—车站 19	1 466.232
车站 19—车站 20	1 480
车站 20—车站 21	1 088
车站 21—车站 22	2 083.889
车站 22—车站 23	1 023.29
车站 23—车站 24	1 256
车站 24—车站 25	1 281.09
车站 25—车站 26	1 426.91
车站 26—车站 27	2 353.71

(五) 结 论

通过理论计算（表 13-4）及车站 15—车站 27 站间距（表 13-5）可知以下内容。

(1) 单供电臂情况下的单列车最长运行里程 5.529 km，在供电方式调整期间上/下行线单列车的运行区间在车站 15 至车站 19；正常情况下，电调调整供电方式需要 20~25 min 的时间，在这段时间内，故障区域只能单列车运行，车站 19 和出入段线之间的列车原则上不具备行车条件，建议区间待令，车站、司机做好乘客服务工作。

(2) 单供电臂情况下双列车最长运行里程 2.765 km。两列车同时运行的区间为车站 15 至车站 17 上/下行线，当车站 15 至车站 17 上或下行线有两部车运行时，车站 17 和出入段线之间的列车不具备行车条件，建议区间待令，车站、司机做好乘客服务工作。

(3) 单供电臂情况下三列车同时启动，开关跳闸的可能性很大，因此不建议三列车同时启动运行。

第三节 Z 线接触网 A6 供电分区失电场景分析

某地铁节假日 10 时 52 分，Z 线电调工作站上显示车站 53 牵混所 1 500 V 馈线柜 212DeleteI 动作、CB 分闸、轨电位 >>> 动作合闸、线路测试启动、CB 合闸失败，逆变直流馈柜 219 分闸；华孟区间站牵混所 1 500 V 馈线柜 214DeleteI 动作、CB 分闸、线路测试启动，CB 合闸失败，车站 52 牵混所轨电位 >>> 动作合闸。A6 供电分区失电，车站 53 下行 01105 次列车 HMI 屏显示网压 20 V，四个牵引电机红点。

一、背　景

发生时间：节假日 10 时 52 分。

执行时刻表：Z2603，行车间隔 19 min 58 s，旅行速度 40.1 km/h。

故障地点：Z 线 A6 供电分区（车站 52— 车站 53 下行区间接触网失电）。

无电区列车：01105 次列车在车站 53 下行，即在无电区。

二、供电故障处置分析

1．供电系统故障处理原则

（1）限制事故再扩大，消除事故的根源，迅速解除对人身和设备安全的威胁。缩短停电时间，用一切可能的办法保持接触网和各车站正常供电。尽快恢复供电系统的正常运行方式。

（2）接触网应急抢修应遵循"先通后复、先通一线"的原则，以最快的速度设法先行送电，疏通线路和及早恢复设备正常的技术状况。

（3）变电所发生故障中断供电，切除故障所三类负荷，应设法改变供电运行方式，迅速恢复对接触网、车站一、二类负荷的供电。

（4）电力调度是供电系统设备应急抢修的总指挥。供电系统发生事故时，现场抢修人员必须服从当值电力调度员的统一指挥，根据电力调度命令执行抢修任务。

（5）应急抢修应注意安全，防止忙中出错，严格按停/送电作业的程序和规章制度办事。

2．接触网供电故障行车调整原则

（1）发生接触网供电故障时，应同时启动相关应急预案实施抢修。

（2）若无电区区间有列车，通知列车惰性进站，到站后清客待令；若是无电区站台有列车，通知列车清客后降弓待令。

（3）对后续列车扣车，避免进入无电区。

（4）充分利用小交路调整列车间隔：小交路的安排除充分考虑折返能力、进路排列的可操作性外，还应考虑执行小交路后全线列车分布均衡情况，以利于救援完毕后的列车调整。

（5）视情况组织部分列车退出服务或回厂。

三、场景因素分析

(一) 时间分布分析

随着供电设备及接触网使用周期的增大,其故障率也逐渐增加,通过对 1 500 V 类故障在各季度发生进行频率的分析对比,1 500 V 及 35 kV 类故障明显高于其他类型故障,且在第一季度达到最大,由于第一季度增加了新线,新线开通初期设备性能不稳定,故障增加明显,其他时段无明显规律,如图 13-7 所示。

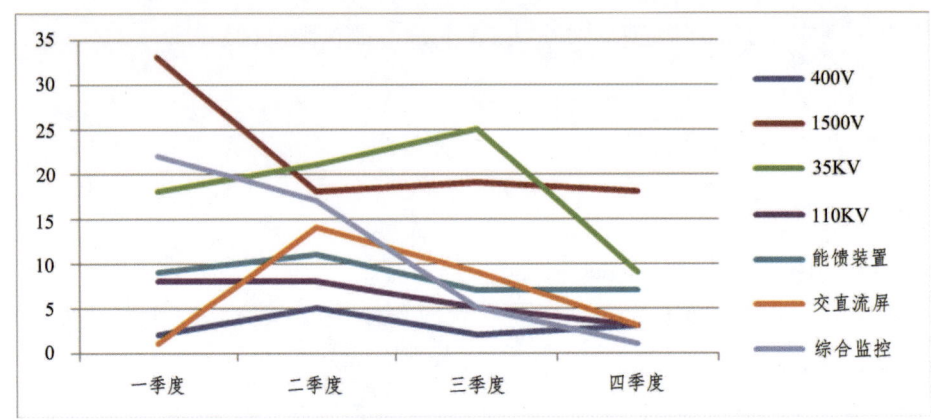

图 13-7 供电故障按季度统计

(二) 发生时机分析

供电设备故障运营时段分布规律相对明显。施工时段、早班车出车阶段及平峰发生概率略高于其他时段,如图 13-8 所示。

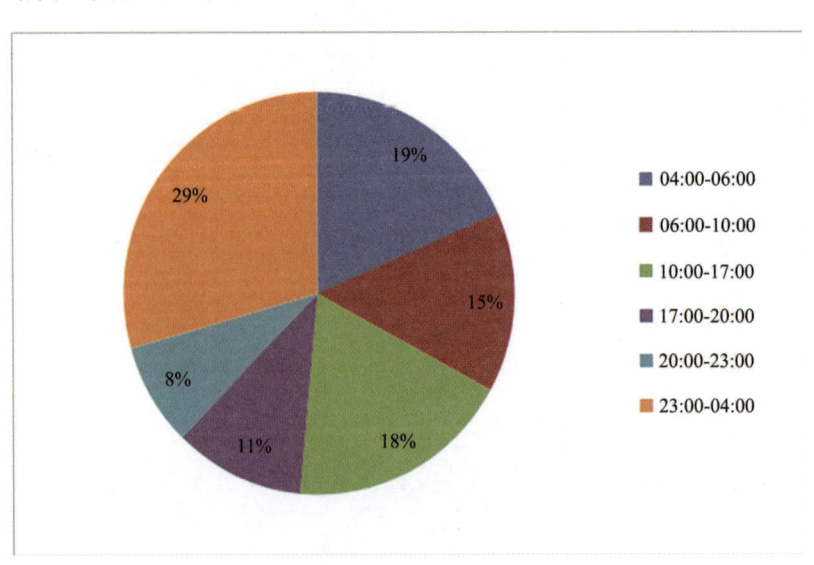

图 13-8 发生时机对比

（三）造成影响分析

故障发生必然会扰乱列车运行秩序，而各类故障对运行秩序的影响最终会通过行车指标来体现。此次故障对运营指标的影响主要有未完成单程、清客及晚点，如图 13-9 所示。

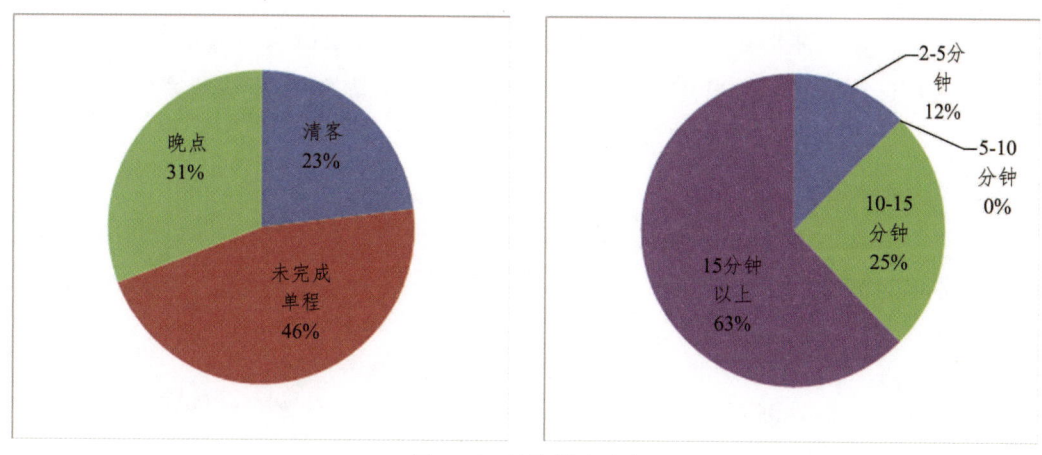

图 13-9　故障影响对比

四、行车调整分析

事发地点线路图如图 13-10 所示。

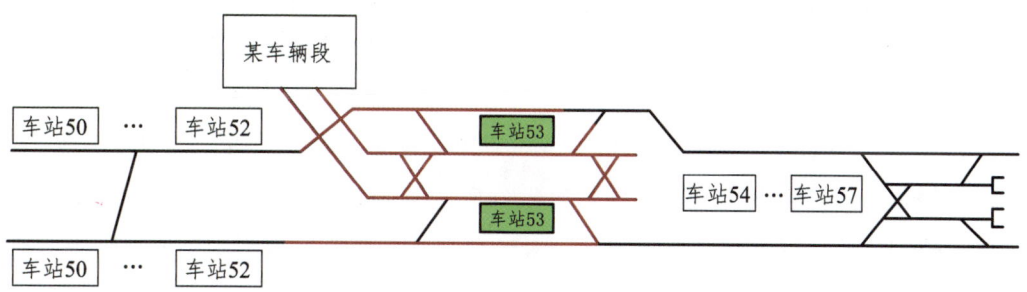

图 13-10　事发地点线路图

（一）处理思路分析

运营期间直流断路器重合闸失败分为三种情况，即变电所内设备故障、车辆故障、接触网故障。

（1）电力调度需与变电所现场值班人员核实所内设备有无异常。

（2）行车调度需与供电分区内各次列车司机核实车辆状态有无异常、异响、火光现象等，还要确认运行中是否发现接触网异物。

（3）若上述均无异常时，行车调度员配合电力调度员组织供电区内列车降弓，列车降弓后对接触网进行试送电。

（4）若送电仍失败，需排查供电分区内接触网情况。

（二）处置方案分析

行调组织转换轨Ⅱ道备用车运行至车站53备用线Ⅰ道投入载客服务。同时组织专业人员进行抢修，组织01105次（0207车）在车站53下行线清客。清客完毕后，OCC组织后续列车在车站31—车站53小交路运行，车站53—车站59上行线单线双方向运行。之后封锁车站52下行线—车站53下行线交维调组织专业人员进行抢修处理，OCC取消车站31—车站53小交路、车站53—车站59上行线单线双方向运行，组织全线列车利用车站50渡线、车站53备用线、车站57存车线维持大交路运行。

（三）优劣分析

（1）因车站51无反向出站信号机，列车无法以ATP模式（无推荐速度）运行。需以RM模式运行至车站52处防护信号机处方可升级为CBTC模式，在一定程度上增加了列车延误时间。

（2）及时组织备车上线替开、及时变更行车调整方式，组织下行线大交路列车经车站50渡线反向运行至车站57，合理利用车站53备用线Ⅱ道会车，最大限度维持大交路列车不清客运行至终点站，有效减少了清客及大间隔指标。

（3）由于Z线最初是按照快慢车运营组织方式进行的设计，在车站47、车站53上下行线各设置一条越行线（目前按照备用线功能使用）。当Z线单线行车中断接驳公交车到达之前，可以充分利用车站47、车站53越行线组织列车会让。列车经过辅助线在部分区段反向运行，可在上述两个车站实现会车，从而保证最大限度的运营服务。

（四）处置建议

（1）当出现接触网故障、线路故障等影响列车通过的故障或事件时，应立即将后续列车扣停在有折返条件的车站，避免故障短时无法排除时，丧失行车调整的最佳时机。

（2）甩站车站视为区间，原则上严禁组织载客列车在区间进行折返。

（3）若能组织列车经车站52渡线进行折返，折返点应设置在车站52的防护信号机前组织司机换端后反向运行至车站53，在避让了上行列车后继续运行至车站 59 方向。亦或组织 01505 次运行至车站 51 上行后继续组织列车运行至车站 31 方向，此两种方式均可最快时间疏通线路，减小车站 50 下行线扣车压力。

五、小　结

在城市轨道交通各类设备设施故障中，对于供电区段内接触网停电，调度的判断以及所采取的应急处置措施是最复杂的，因为一旦发生供电区段内接触网失电，就会造成线路部分区段的运营中断。由于接触网的绝缘分段位置与线路车站所对应的位置不一致，调度员在应对此类故障造成的线路中断时，必须在运营调整方面充分考虑接触网故障区段与维持运行的线路之间的安全运营间隔。采用小交路方式运行区段内不得包含失电接触网所对应的线路区段，还要考虑单线双向往返的列车与小交路运营的列车之间的安全间隔等因素，以确保维持运行区段内的列车不会进入到接触网失电区域，防止故障进一步扩大。这就要求调度员必须在故障发生的初期就对可能造成的触网失电原因进行预先的判断和分析，故障判断的正确与否将对后续故障的有效处置起到十分关键的作用。

结 语

伴随着城市轨道交通网络化运营的持续发展，城市轨道交通在满足乘客出行需求的同时，仍需要逐步提升系统的综合协调、集中控制、应急保障快速反应以及技术设备综合管理等方面的能力，并不断强化安全应急能力，优化应急处置措施，从而确保城市轨道交通系统安全、可靠、高效地运营。本书从城市轨道交通系统指挥控制中心行车调度作为出发点，对运营应急情况下的行车调整、客流控制、设备故障场景进行分析、优化，为了使内容既有一定的理论高度，又有很强的实用性，参编人员参阅了大量的文献资料并进行现场调研，同时，邀请了既有现场实践经验又有深厚理论积累的业内专家对本书进行参评、指导，提出了建设性的意见。

本书最后所列的参考文献为本书的编著中提供了宝贵的参考意见，对本书的创作提供专业支持和帮助的学者、生产管理人员，在此一并表示最诚挚的谢意。同时对那些奋斗在城市轨道交通运营生产和管理一线的人员致以崇高的敬意，本书的编者都非常重视这些成果的兼收并蓄，但是由于编者业务视野和学术水平的局限性，本书的内容安排、学术观点难免存在不当或疏漏之处，恳请同行、读者对本书的不足之处给予批评指正。

参考文献

[1] 张国宝. 城市轨道交通运营组织 [M]. 上海：上海科学技术出版社，2014.

[2] 颜景林. 城市轨道交通运营管理 [M]. 成都：西南交通大学出版社，2014.

[3] 彭宇拓，韩宝明，鲁放. 地铁列车高峰时段越站不停车问题探讨 [J]. 城市轨道交通研究，2011，14（03）：68-70.

[4] 罗剑文. 广州地铁5号线越站运行调整方案分析 [J]. 城市轨道交通研究，2017，20（06）：41-44.

[5] 窦玉春. 南京地铁限度多车模式运行组织探讨 [J]. 现代城市轨道交通，2017（06）：50-53.

[6] 熊银文，魏巍. 城市轨道交通备用客车的运用及优化 [J]. 城市轨道交通研究，2010，13（02）：87-88.

[7] 刘浩江. 单线双向运行在地铁行车组织中的应用 [J]. 都市快轨交通，2008（03）：17-19.

[8] 林伟东. 地铁高密度行车组织下行车调整方式的探讨 [J]. 科技风，2015（06）：55-56.

[9] 曹阳. 城市轨道交通实时调度方法研究 [D]. 长春：吉林大学，2009.

[10] 刘靖静. 城市轨道交通交路方案优化模型与应用研究 [D]. 重庆：重庆交通大学，2015.

[11] 黄承国. 浅析地铁运营调整中清客的必要性 [J]. 科技风，2016（12）：88.

[12] 江志彬，季婷婷. 基于客流影响的城市轨道交通列车运行调整策略 [J]. 城市轨道交通研究，2014，17（01）：39-42.

[13] 和子崴. 北京地铁大客流应急反应能力评价 [D]. 北京：北京交通大学，2017.

[14] 许心越. 城市轨道交通车站服务能力计算与能力适应性评估 [D]. 北京：北京交通大学，2015.

[15] 王伟涛. 城市轨道交通车站行人设施服务水平及通行能力研究 [D]. 北京：北京交通大学，2014.

[16] 付婷. 城市轨道交通车站集散能力瓶颈识别 [D]. 北京：北京交通大学，2014.

[17] 康亚舒. 城市轨道交通车站客流控制方案的研究 [D]. 北京：北京交通大学，2014.

[18] 马杰. 城市轨道交通车站通行设施通过能力研究 [D]. 北京：北京交通大学，2010.

[19] 唐巧梅. 城市轨道交通大客流运营组织方法研究 [D]. 成都：西南交通大学，2013.

[20] 韩嘉. 城市地铁应急预案研究 [D]. 长沙：中南大学，2010.

[21] 王卓，贾利民，秦勇. 城市轨道交通应急预案分类方案评价研究 [J]. 城市轨道交通研究，2011，14（07）：31-35.

[22] 刘建. 地铁突发事件应急预案评价研究 [D]. 北京：北京交通大学，2011.

[23] 黄毅宇，李响. 基于情景分析的突发事件应急预案编制方法初探 [J]. 安全与环境工程，2011，18（02）：56-59.

[24] 焦永兰. 管理运筹学 [M]. 北京：中国铁道出版社，2000.

[25] 吴祈宗. 运筹学与最优化方法 [M]. 北京：机械工业出版社，2003.

[26] 吴冰芝. 城市轨道交通高峰时段大客流拥挤传播研究 [J]. 科技与创新，2016（07）：33-34.

[27] 谢玮. 城市轨道交通换乘站客流控制方法研究 [D]. 北京：北京交通大学，2012.

[28] 刘若鸿. 城市轨道交通节假日客流传播及控制研究 [D]. 北京：北京建筑大学，2017.

[29] 黄金成. 城市轨道交通列车运行调整问题建模与算法设计 [D]. 成都：西南交通大学，2017.

[30] 黄文慧. 城市轨道交通网客流传播建模与限流策略研究 [D]. 北京：北京交通大学，2017.

[31] 焦轩. 城市轨道交通突发客流传播特性及客流控制措施研究 [D]. 北京：北京交通大学，2016.

[32] 李冰玉，秦孝敏. 城市轨道交通网络大客流拥堵传播机理研究 [J]. 中国安全科学学报，2016.

[33] 刘纪俭. 地铁运营组织中清客组织的分析及优化 [J]. 都市快轨交通，2010.

[34] 何永昌. 广州地铁运营中清客组织研究 [J]. 中国新技术新产品，2011.

[35] 秦勇，王卓，贾利民. 轨道交通应急管理系统体系框架及应用研究 [J]. 中国安全科学学报，2007.

[36] 胡映月，陈峰，陈培文，等. 基于网络客流传播的轨道交通关键站点识别 [J]. 西南交通大学学报，2017.

[37] 胡清梅. 轨道交通车站客流承载能力的评估与仿真研究 [D]. 北京：北京交通大学，2011.

[38] 陈嵩楠. 基于出行路径诱导的城市轨道交通客流疏导仿真研究 [D]. 成都：西南交通大学，2017.

[39] 俞亦舟. 城市轨道交通车站客流瓶颈应对措施研究 [J]. 科技视野.

[40] 寇春歌，何世伟，何必胜. 城市轨道交通运能瓶颈识别方法研究 [J]. 交通信息与安全，2014.

[41] 叶丽文，杨奎.基于客票数据的城市轨道交通车站客流控制决策研究[J].都市快轨交通，2015.

[42] 豆飞，潘晓军，秦勇，等.基于云模型的城市轨道交通车站客流控制触发判别方法[J].东南大学学报，2016.

[43] 刘孝凡.城市轨道交通"扣车"作业性质及其应用探讨[J].铁道通信信号，2016.

[44] 李文.地铁列车扣车模型及其应用[J].城市轨道交通研究，2016.

[45] 赵宇.基于分层递阶的地铁线路客流协调控制方法[D].北京：北方工业大学，2017.

[46] 邓聚龙.灰色预测与决策[M].武汉：华中理工大学出版社，1998.

[47] 黄成，何山，何林.基于多层次灰色评价法的城市综合客运枢纽换乘评价[J].重庆交通大学学报，2015（34）：89-92.

[48] 李大建，王凤山.地空导弹总体性能多层次灰色评价[J].中国管理科学，2004（34）:107—110.

[49] 张权，毕于慧，刘茂林.多层次灰色评价法在军事数据质量评价中的应用[J].计算机系统应用，2017（26）：280-283.

[50] 侯海永.旅客列车开行综合效益分析与评价[D].成都：西南交通大学，2006.

[51] 中华人民共和国建设部.城市交通分类标准[M].北京：中国建筑工业出版社，2007.

[52] 中华人民共和国建设部．CJJ/T 114—2007,城市公共交通分类标准[S].北京:中国建筑工业出版社，2007.

[53] 赵红.层次分析法在定量分析中的应用[J].中国公共安全（学术版），2010（01）：134-136.

[54] 翟向荣.城市轨道交通车站设备通行能力匹配性研究[D].北京：北京交通大学，2012.

[55] 中国建筑科学研究院建筑机械化研究分院．GB 16899—1997，电梯制造与安装安全规范[S].北京：中国标准出版社，1997.

[56] 骆晨，刘澜，牛龙飞.城市轨道交通超大客流网络拥挤传播研究[J].石家庄铁道大学学报（自然科学版），2014，27（2）：83-86.

[57] 郭翔，邢宗义.基于模糊聚类的城市轨道交通车辆系统划分与故障统计分析[J].城市轨道交通研究，2016，19（01）：59-63.

[58] 杨润广.计轴器在城市轨道交通控制系统中的应用[J].科技信息，2011（20）：580-581.

[59] 赵留杰，张猛，张亚兰.郑州地铁1号线重启车载控制器类故障的处置建议[J].铁道通信信号，2018，54（01）：63-65.

[60] 潘寒川，刘志钢，邹承良，等.城市轨道交通网络协调限流优化研究[J].重庆交通大学学报（自然科学版），2017，37（05）:77-83.

[61] 刘芳林.运营中断对城市轨道交通网络的影响及应急策略研究[D].北京：北

京交通大学，2015.

[62] 韩雪. 城市轨道交通网络线路中断下的行车调度调整 [D]. 南京：南京理工大学，2014.

[63] 王恺，李晓龙，徐高峻. 地铁事故导致列车延误的社会经济损失评价 [J]. 城市轨道交通研究，2014，17（04）:28-32.

[64] 曹守华. 城市轨道交通乘客交通特性分析及建模 [D]. 北京：北京交通大学，2009.

[65] 翟华伟. 轨道交通客流动态分布形式建模及应用研究 [D]. 大连：大连海事大学，2012.

[66] 徐瑞华，徐永实. 城市轨道交通线路客流分布的实时预测方法 [J]. 同济大学学报（自然科学版），2011，39（06）：857-861.

[67] 彭其渊，朱松年，阎海峰. 列车运行图可调整度评价系统研究 [J]. 西南交通大学学报，1998（04）：9-13.

[68] 吴洋，罗霞. 一种晚点地铁列车实时调整策略及其动态速控模式 [J]. 中国铁道科学，2005（06）：115-120.

[69] 吴洋. 晚点情况下地铁列车实时运行调整及速度控制模式研究 [D]. 成都：西南交通大学，2004.

[70] 中华人民共和国国家质量监督检验检疫总局. GB/T 30012—2013 城市轨道交通运营管理规范 [S]. 北京：中国标准出版社，2013.

[71] 中国国家标准化管理委员会. GB/T 7928 地铁车辆通用技术条件 [S]. 北京：中国标准出版社，2003.

[72] 毛保华. 城市轨道交通系统运营管理 [M]. 北京：北京人民交通出版社，2006.

[73] 韩震. 运营故障情况下的行车组织调整研究思考 [J]. 科技风，2018（17）：230.

[74] 丁晨. 城市轨道交通接触网失电的处置及运营调整措施 [J]. 综合运输，2017，39（04）：60-63.

[75] 杨娟. 南京地铁设备的故障管理讨论 [J]. 中国高新技术企业，2015（02）：93-94.

[76] 王建军. 地铁运营指标的统计分析 [J]. 黑龙江科技信息，2015（11）：206.

[77] 潘科，王洪德，石剑云. 多级可拓评价方法在地铁运营安全评价中的应用 [J]. 铁道学报，2011，33（05）：14-19.

[78] 汪志红，王斌会. 我国城市地铁运营风险评价指标体系设计 [J]. 科技管理研究，2010，30（21）：205-208.

[79] 丁晨. 上海轨道交通运营统计分析的研究 [J]. 交通与运输（学术版），2008（01）：91-93.

[80] 代宝乾，汪彤，蒋玉琨. 地铁运营系统安全综合评价指标体系研究 [J]. 地下空间与工程学报，2008（01）：1-5.

图索引

图 2-1　线路控制中心组织架构图……………………………………13
图 2-2　某地铁列车运行图……………………………………………17
图 2-3　某地铁列车实际运行图………………………………………18
图 3-1　城市轨道交通运营指标体系…………………………………25
图 4-1　某地铁企业某年度行车指标月度分布图……………………32
图 4-2　一般情况下乘客出行流程图…………………………………33
图 4-3　工作日进出站量时间分布……………………………………34
图 4-4　周末进出站量时间分布………………………………………35
图 4-5　某地铁行车秩序紊乱情况下的列车实际运行图……………42
图 5-1　列车在车站 i 发生故障………………………………………49
图 5-2　列车在在区间 $(i,i+1)$ 发生故障………………………………49
图 5-3　限速前后对比图………………………………………………52
图 5-4　放空追线示意图………………………………………………54
图 5-5　考虑前后各一列车……………………………………………56
图 5-6　考虑前后各两列车……………………………………………56
图 5-7　考虑前后各三列车……………………………………………57
图 5-8　越行站选择示意图……………………………………………59
图 5-9　列车小交路折返运行图………………………………………60
图 5-10　有存车线的线路示意图………………………………………60
图 5-11　无存车线的线路示意图一……………………………………63
图 5-12　无存车线的线路示意图二……………………………………63
图 5-13　大小交路混跑模式……………………………………………66
图 5-14　大小交路上线列车数为1:1…………………………………66
图 5-15　大小交路上线列车数为1:2…………………………………67

图 5-16　一边改运营模式 68
图 5-17　两边改运营模式 68
图 5-18　某地铁线路简图 72
图 5-19　行车组织方案层次结构模型 74
图 6-1　某地铁线路示意图 77
图 7-1　乘车流程图 88
图 7-2　车站最大客流疏导能力影响因素 89
图 7-3　2017年某地铁各月份日均客运量分布 90
图 7-4　日客运量时间分布图 90
图 7-5　线网客运量时间分布图 91
图 7-6　居住型车站 92
图 7-7　办公型车站 92
图 7-8　混合型车站 93
图 7-9　均匀分布型 93
图 8-1　乘客行李安检模型 99
图 8-2　乘客检票流程示意图 101
图 8-3　自动扶梯踏步站立情况 103
图 8-4　进站客流流线图 112
图 8-5　出站客流流线图 112
图 8-6　换乘客流流线图 112
图 8-7　标准函数 119
图 9-1　线网结构图 124
图 9-2　拥堵传播示意图 125
图 10-1　设备故障影响分类图 139
图 10-2　2017年度故障总量按专业分类对比图 139
图 10-3　设备故障四象限图 140
图 11-1　车辆故障年度按月统计图 142
图 11-2　某地铁年度车辆故障现象分布图 143

图 11-3　某地铁年度车辆故障四象限图 …………………………………… 143
图 11-4　事发生地点线路图 ……………………………………………… 146
图 11-5　故障列车所处位置与存车线平行 ……………………………… 152
图 11-6　车站 40 存车线 …………………………………………………… 152
图 11-7　车站 36 存车线 …………………………………………………… 152
图 11-8　车站 31 折返线 …………………………………………………… 152
图 11-9　与车厂直接相连的站台 ………………………………………… 153
图 11-10　车站 40 存车线 ………………………………………………… 153
图 11-11　车辆段 …………………………………………………………… 153
图 11-12　与存车线直接相连的站台 ……………………………………… 154
图 11-13　车站 40 存车线 ………………………………………………… 154
图 11-14　车站 36 存车线 ………………………………………………… 154
图 11-15　事发故障线路图 ………………………………………………… 155
图 11-16　停放制动旁路限速对运营造成的影响分析（下行） ………… 157
图 11-17　停放制动旁路限速对运营造成的影响分析（上行） ………… 157
图 11-18　某地铁 X 线部分线路图 ………………………………………… 159
图 12-1　信号设备故障类型统计图 ……………………………………… 162
图 12-2　某地铁信号类设备故障类型四象限图 ………………………… 163
图 12-3　信号设备故障类型统计图 ……………………………………… 164
图 12-4　案例一线路示意图 ……………………………………………… 165
图 12-5　案例二线路示意图 ……………………………………………… 165
图 12-6　案例三线路示意图 ……………………………………………… 166
图 12-7　按故障现象统计图 ……………………………………………… 169
图 12-8　故障影响对比图 ………………………………………………… 170
图 12-9　场景一线路图 …………………………………………………… 170
图 12-10　场景二线路图 …………………………………………………… 171
图 12-11　关键时间节点对比图 …………………………………………… 171
图 13-1　线网供电类故障按电压级别统计图 …………………………… 173

图 13-2　2017年度各线路供电设备故障分电压等级统计图 …………… 175

图 13-3　某地铁供电类故障类型四象限图 …………………………… 175

图 13-4　X号线一期工程供电系统 …………………………………… 177

图 13-5　列车区间取流示意图 ………………………………………… 179

图 13-6　列车取流曲线 ………………………………………………… 181

图 13-7　供电故障按季度统计图 ……………………………………… 184

图 13-8　发生时机对比图 ……………………………………………… 184

图 13-9　故障影响对比图 ……………………………………………… 185

图 13-10　事发地点线路图 ……………………………………………… 185